¿PARA QUIÉNES ES ESTE LIBRO?

· Para toda persona que desea éxito y victoria en la superación de retos personales, mentales y espirituales.

· Para poner fin a los obstáculos frustrantes que tratan de impedir una vida de calidad y la plenitud de su destino!

· Para usar en su iglesia, grupo de estudio Bíblico, grupo profesional de salud, seminarios de emprendedores o viajes misioneros. Es un recurso para evangelismo, discipulado y capacitación.

Detrás de mí Sonrisa no es un libro más, es esperanza con conocimiento e invitación a caminar juntos, avanzando para cambiar nuestro punto de vista sobre lo que llamamos enfermedades mentales. La mente es algo abstracto, filosófico y no lo podemos tocar pero el cerebro es un órgano, lo podemos ver, tocar y estudiar. Gracias a los avances en la tecnología, ahora se pueden hacer scanner e imágenes de resonancia magnética del cerebro. Esto es muy importante para los que han sido diagnosticados con una enfermedad mental cuando en realidad puede ser cerebral. Creo que Dios impidió mis intentos de suicidio para traerte este mensaje en el día de hoy. La palabra de Dios dice que conocerás la verdad y te hará libre. Al leer este libro conocerás parte de mi historia, mis luchas, y victorias. Lo más importante es que podrás ver como el Espíritu Santo de Dios me ha sostenido en mis momentos más difíciles, continuamente hace cosas maravillosas en mi vida y puede hacer lo mismo en su vida. Mi deseo es que te mantengas conectado conmigo en mi página web "Ministerios Sin Límites" y las redes sociales.

LA AUTORA: Rosa Toussaint-Ortiz, autora de Detrás de Mi Sonrisa obtuvo un B.A. en Salud Mental (Universidad Interamericana de P.R.) y clases de masteria en psicología (A&M University Huntsville AL). Rosa ha recibido certificados de AACC y en prevención de suicidio (Suicide PAIR) de Light University/ AACC. Rosa estuvo en el ejército de los EE.UU. en el rango de teniente y sirvió como capellán del Alabama State Defense Force. Ella es la fundadora de Ortiz Consulting and

Educational Services y es capellán de comunidad en Huntsville AL.

FOR WHOM IS THIS BOOK?

• "Detrás de mi Sonrisa" is a perfect gift for your Spanish speaking friends. Reach out and give the gift of breakthrough: Hispanic group, missions trip outreach tool, evangelism, discipleship and training.

• Resource for entrepreneurial seminars and health and wellness professionals.

The English version "Behind My Smile" is available so that you will also be able to use this tool in the same way. It is for anyone that desires success and victory in overcoming personal, mental and spiritual challenges and to bring to an end the frustrating obstacles that try to hinder a quality life and fullness of your destiny! This is not just another book, it is hope, with knowledge. It's an invitation to walk together to change our views on what we call mental illness. I believe that my God prevented me from committing suicide for such a time like this and you will know part of my story and struggles due to "mental illness". The Bible says "the truth will set you free". The most important thing is the

Holy Spirit has stood by me in difficult times, continues to do wonderful things in my life and I believe He will do this for you too. My God is behind my smile, providing me what I need in this process of healing. Detrás de Mi Sonrisa is a ministry of healing, the first of a book series and resource of "Without Limits Ministries", because our God has no limits.

ABOUT THE AUTHOR: Rosa Toussaint-Ortiz, author of Detrás de Mi Sonrisa (Behind My Smile), has a B.A. in Mental Health (Universidad Interamericana, P.R.), studies psychology (A&M University in Huntsville, AL) and SUICIDE PREVENTION "PAIR" certification (Light University/AACC). Rosa served in the U.S. ARMY and chaplain for the Alabama State Defense Force. She is the founder of Ortiz Consulting and Educational Services and serves as immigrant community chaplain in Huntsville AL.

Recomendaciones para *Detrás de Mi Sonrisa*

"Transformación te espera en leer el libro de Rosa Toussaint Ortiz "Detrás de Mi Sonrisa". Dios te va a inspirar, equipar y empoderar a otro nivel en tu entendimiento a través el testimonio de Su poder en la vida de Rosa. Vas a saber profundamente que Dios es un padre y amigo fiel y su amor y poder es sin límites. Verdaderamente es tu tiempo de avanzar en victoria!"

Claudia Santiago
Recording Artist, Speaker, Author, Coach and Entrepreneur –
www.ClaudiaSantiago.com

www.VivaLaVidaSuccess.com | www.VivaLaVidaExito.com

CEO VPGI Enterprises | Management | Bookings | Production | Publishing | Events
Vancouver, BC, Canada www.vpgroupinternational.com

"Rosa logro captar mi absoluta atención con "Detrás de mi Sonrisa." Con un estilo sencillo, transparente y compasivo logra narrar eventos y escenarios de su (propia) vida capaces de arrancar (provocar) lagrimas a cualquier lector. Sé que muchas personas se identificaran con la experiencia de la autora y descubrirán el "secreto" para la sanidad interior. Sin duda alguna, su testimonio servirá para hacernos más sensibles al dolor ajeno y nos estimulara a acercarnos más a Dios."

Ana Rosa Samalo
Editor

"Para mi cada palabra escrita en este libro es una invitación al lector a no tener Límites.

Como Psicóloga corroboro con la exposición de Rosa de que no todos los casos relacionados con desorden mental son causados por demonios. Estos casos pueden ser ocasionados por patrones de conductas y trastornos que vienen caminando con él individuo desde su niñez hasta la adultez por alteraciones de los procesos cognitivos. Como Apóstol les invito a amar, cuidar y sanar a aquellos que lleguen a nuestras congregaciones con esta condición. Les puedo revelar que Aunque los hombres te vean que no tienes salida, aunque vivas en un estado de desesperanza e imposibilidad los ojos de Dios están sobre ti y tiene un propósito en todo. Puedo decir que cada proceso vivido nos lleva a otro nivel de gloria así como nos dice su palabra 2 Corintios 3:18 Por tanto, nosotros todos, mirando a cara descubierta como en un espejo la gloria del Señor, somos transformados de gloria en gloria en la misma imagen, como por el Espíritu del Señor."

Apóstol Altagracia De Los Santos, Autora del libro: El Precio del Llamado

Fundadora del Ministerio Iglesias:
Centro de Restauración Hermosa y Orfanato Casa Amor y Restauración Hermosa
Santo Domingo, República Dominicana

"Gracias Dios por la hermana Rosa, quien tuvo la visión de usar su historia personal para ayudar a otras personas por medio de su libro "Detrás De Mi Sonrisa". Este libro, sabemos que, va a ministrar a muchas personas que están pasando o han pasado por experiencias similares. Sé que va a ser de bendición, para restaurar vidas que necesitan saber que a través de Jesucristo se puede lograr! La misión de la autora es hacer lo que Dios ha puesto en su corazón. Es su anhelo ser de bendición a todas aquellas personas que leen este libro. Este es un libro de lectura sencilla. Escrito con humildad y con amor. El deseo de la autora es que el lector pueda alcanzar la victoria a través de nuestro Señor Jesús, así como la alcanzo ella."

Pastora Sonia González
Iglesia de Dios Hispana
Huntsville, Alabama

Detrás de
Mi Sonrisa

Rosa Toussaint Ortiz

Detrás de Mi Sonrisa

Rosa Toussaint Ortiz

DEDICACIÓN

Dedico este libro a la memoria de mi querida y dulce madre Zunilda. A quien siempre recordaré como la persona más agradable y de la única que sentí amor durante los primeros años de mi vida. Ella lamentablemente dejó este mundo cuando yo tenía sólo siete años de edad, pero su amor nunca me ha dejado.

A mi Papa que aunque el comienzo de nuestra relación como padre e hija fue muy complicado, antes de su muerte nació el perdón. Al final de sus años solo había en mi corazón amor para él. Mi relación con Dios y este libro son el fruto de sus oraciones. Mi papa era un pastor ordenado, un hombre imperfecto como todos nosotros pero entendía la importancia de obedecer la palabra de Dios.

Doy gracias a Dios por mis hijos, Mel y Ángela, y les dejo este libro a ustedes mis herederos, como un legado. Mis queridos hijos, ustedes nunca van a poder entender lo mucho que los amo. Los quiero más que a mi vida y le doy gracias a Dios por todo el amor, y toda la paciencia que han tenido conmigo. Le doy las gracias a Dios por ustedes, y por bendecir sus vidas. Un día yo me iré pero El Espíritu Santo siempre estará con ustedes. Clamen a Él y Él les responderá!!

CONTENTS

CONTENTS

INTRODUCCIÓN

(Romanos 8:28, esta es mi fe)

La sonrisa es como una tarjeta de presentación y en mi pasado fueron tantas las veces que yo me presentaba tan alegre pero por dentro lo que quería era morir. Estaba hastiada de vivir en este mundo. Este libro está basado en mis experiencias y de como yo percibo las cosas que me han sucedido; este libro es mi testimonio, un legado para mis hijo y su descendencia de que Dios aun escucha nuestro clamor. En el verano del 1994, yo estaba segura que tenía el plan perfecto para poder irme de este mundo para siempre pero estaba muy equivocada.

Es muy lamentable que la ciencia se haya desarrollado tan lentamente en lo concierne al órgano del cerebro. Gracias a Dios que cada día tenemos más profesionales como el Dr. Daniel Amen, quien es un psiquiatra/neurólogo y quien evalúa al paciente en lo psicológico, social, espiritual y biológico antes de diagnosticarlo con una enfermedad mental. Además le hace un scanner al cerebro del paciente para evaluar las actividades, funciones y químicas del cerebro. Esta es una evaluación que la mayoría de nosotros sería muy costosa pero lo bueno es que está disponible. Y no me cabe duda que muchas personas estarían dispuestas a hacer un sacrificio financieros para asegurarse de que él o un ser querido reciban una evaluación psiquiátrica más completa.

Mi primera experiencia con psiquiatras y psicólogos comenzó alrededor del 1973, mi primer intento de suicidio, tenía catorce años. Los pensamientos, las ideas y los intentos de suicidio continuaban. Yo por mi propia cuenta investigaba descubrí que algunos familiares habían tenido experiencias similares a la mía y que algunos aparentemente eran adictos al alcohol. En el 1982 decidí estudiar la carrera de Salud Mental con el propósito de ver cómo ayudarme a mí, familiares y otros con lo que yo ya sabía que era un problema "mental" aunque no había recibido un diagnóstico.

En el 1994 tuve la experiencia más aterradora y desastrosa de mi vida, mis pensamientos cambiaron de suicidio a homicidio. Y debido a esto perdí la custodia de mis hijos por aproximadamente un año. Yo ahora entiendo que lo que me estaba sucediendo desde mi temprana edad era una combinación de problemas psicológicos, sociales, biológicos/químicos y espirituales.

Los seres humanos somos muy complicados. Esta combinación de cuerpo y espíritu, verdaderamente solo la entiende Dios, y por esa razón le digo cada día, "Hágase tu voluntad en mí, no quiero el libre albedrío, haz conmigo lo que tú quieras, contrólame tú a mí". No me cabe duda de que existe un ser supremo en el Universo. Un ser con un poder y una sabiduría sin medidas y una capacidad de amar que para nosotros es algo que no podemos entender. Y este ser es mi Dios, mi creador y está pendiente de mí y me hace sentir segura.

Hace unos años le comente a alguien; que si me ayudaba a escribir este libro, ella me contestó algo así: Rosa, tú eres una defensora de los derechos de los inmigrantes. Si se enteran de tu historia vas a perder credibilidad y no te van a tomar en serio, además los enfermos mentales ya tienen muchos defensores.

Ella tal vez no se acuerda el haberme dicho esto, pero cuando yo la vea le voy a dar las gracias. En aquel tiempo Dios me estaba usando en una manera muy especial. Yo me escuchaba hablar en los medios de noticias y me decía: "Yo no tengo este tipo de conocimiento, esto es Dios". Una vez más vemos que la biblia no se equivoca. Lo que es la locura del mundo escogió Dios para avergonzar a los sabios; y lo que es la flaqueza del mundo escogió Dios, para avergonzar lo fuerte. 1 Corintios 1:27

En referencia a los enfermos mentales, tal vez tienen muchos defensores con muy buenas intenciones pero con muy poco conocimiento de que es realmente la mente y cómo funciona el cerebro. También tengo que reconocer que durante mi investigación pude descubrir que no se encuentra suficiente información en la internet en español que este al día como se encuentra en Ingles. El DSM V es el manual que usan los psiquiatras y psicólogos en los EE. UU. para darle a una persona un diagnóstico de enfermedad mental. Hay más de 200 clasificaciones de enfermedades mentales. Hay más de siete billones de personas en el mundo. Se hacen estudios a unos pocos de miles y luego se llegan a conclusiones sobre que está ocurriendo en diferentes individuos. Esto me recuerda lo absurdo de creer en el horóscopo. Tú me vas a decir a mí que todas las personas que reciben un mismo diagnóstico de una enfermedad "mental" (algo abstracto) van a responder igual al tratamiento, o van actuar todos de la misma forma? La contestación es no y yo soy una prueba de eso. Si Dios creo a cada ser humano con huellas digitales diferente eso me da a entender que no hay dos personas que sean igual. Esto es lo que quiero decir, si te etiquetaron con una "enfermedad mental" no lo veas como una sentencia, véalo como una oportunidad para ver como el creador desarrolla algo bello en ti.

Le doy gracias a Dios porque en los últimos años a

través de la tecnología le ha dado la sabiduría a los doctores para que por medio de Scanner Cerebral y MRI (Imágenes de resonancia Magnéticas cerebral pueden dar diagnósticos más exacto para ayudar a sus pacientes y evitar el complicarles la vida con diagnósticos incorrectos basados en teorías y el uso de medicamentos innecesarios.

Lo que te quiero decir es esto, la psiquiatría y la psicología no son algo absoluto, son opiniones de hombres y muchas veces cuando te dan un medicamento, están practicando contigo. No te estoy diciendo que no debemos de buscar ayuda profesional o que no debemos tomar medicamentos, lo que te quiero decir es que no te duermas pensando que un solo doctor lo sabe todo. Al igual que con el cáncer y otras enfermedades, busca una segunda y tercera opinión. Si te dan medicamentos no te los tomes sin averiguar primero que es lo que te han recetado. Toma control de tu vida, pues aparte de Dios nadie conoce tu cuerpo y tu mente mejor que tú.

Mientras la humanidad se vuelve más inestable debido a los cambios en el ambiente y todas las tensiones, los suicidios también aumentan. Y los hijos de Dios que podemos ayudarnos unos a otros, estamos también mal informados. Yo estoy convencida de que todo lo malo se origina con el orgullo de lucifer y la desobediencia de Adán y Eva. También estoy convencida de que no todo el que tiene "problemas mentales" esta endemoniado. Ya se ha comprobado que hay enfermedades del cerebro, el cual es un órgano.

Yo escribí este libro por unas cuantas razones: La más importante, glorificar a Dios por el milagro que ha hecho en mí a través de su Espíritu Santo. También, para compartir parte de mi historia contigo, con el propósito de que cuando termines de leerlo te sientas animado y motivado para glorificar a Dios conmigo, y ayudarte a ti y a otros.

Otra razón es esta, para aconsejarte y motivarte a que cuando alguien diga esta o aquella persona tiene demonios tú estés preparado para corregir el comentario erróneo; o estés listo para decir es cierto, por esta y tal razón, y lo compruebes con la biblia. En algunas iglesias, por falta de conocimiento bíblico y científico rechazamos al afligido que Dios permitió que llegara a nuestras iglesias (hospital) para que le demos amor y comprensión.

Con nuestras críticas y expectativas de que no se debe tomar medicamentos para dormir sin conocer o entender por lo que está pasando cada persona estamos siendo injustos. Dios dice en su palabra que "Mas el que hace injusticia, recibirá la injusticia que hiciere, porque no hay acepción de persona" colosenses 3:25. El que es sabio entiende que si una persona no duerme bien no va a poder lograr tener buenos resultados en su trabajo, relaciones, y su salud; sin embargo yo he escuchado a pastores hablar de medicamentos para dormir como si el usar estos fuera una causa para perder la salvación. Muchos se van de las iglesias y luego terminan suicidándose (abusando drogas o alcohol) otros desilusionados. Aquellos que deciden continuar asistiendo a las iglesias viven una vida secreta, no le dicen a nadie la verdad de su enfermedad por miedo de que lo vayan a juzgar de estar endemoniado y por lo tanto no reciben paz. Necesitamos verdaderos siervos de Dios que reconozcan que para ayudar a nuestros hermanos no es suficiente el tener conocimiento bíblico debemos también tener conocimiento de la ciencia. Y entender que todos tenemos diferente grados de fe, y que a Dios no lo podemos poner en una cajita.

La sanidad viene de Dios, a veces es algo que sucede en un abrir y cerrar de ojos, y en otras ocasiones es un proceso y durante el proceso continuamos orando, y en tratamiento con doctores sabios. Yo le doy las gracias a Dios porque mi sanidad ha sido un proceso, día a día dependiendo de él. Esto me ha hecho humilde, ha creado un gran sentido de empatía por los demás y me ha preparado para escribir este libro.

Otra de mis razones al escribir este libro es esta; quiero destruir la creencia de que solo algunos pueden escribir un libro. Yo opino que todo él que ha recibido dadivas de Dios, y transformación en su vida, debe gritarlo a los cuatro vientos pues ese es su testimonio. Y cuando otros lo lean o lo escuchen, esta información puede llenar de esperanza a otros que estén pasando por una situación similar a la tuya. Cuando damos un testimonio estamos predicando de las grandezas de Dios. Cuando los doctores te han dicho que otras personas que tienen tú mismo diagnóstico, tienen que estar hospitalizadas la mayor parte de su vida, endrogadas o que viven en las calles como vagabundos y tú por la gracia de Dios vives como dice Jesús "una vida en abundancia" No te queda otra alternativa que testificar.

Este libro está publicado por mí misma, y aunque he querido seguir todas las reglas gramaticales sé que algunos de ustedes encontraran errores pero otros no, talvez debido a su bajo nivel de estudio o mejor todavía porque su enfoque está en recibir el mensaje que estoy tratando de revelar. Yo escribí este libro específicamente para ti, si te identificas con lo que digo y al pasar las páginas de este libro te sientes inspirado a acercarte más a Dios y ayudar a otros entonces puedo decir esto "misión cumplida".

Yo le pedí al Espíritu Santo que me ayudara a escribir este libro y lo hizo. Es mi oración que aquellos que no tienen un nivel alto de lectura lo puedan entender y que los que son súper dotados en la lectura y la gramática sean misericordiosos conmigo.

Este libro es sobre el proceso de la transformación que Dios empezó en mí en el año 2000 y que continúa haciendo. Es mi deseo que cada persona que lea este libro pueda entender que el Espíritu Santo vive dentro de cada persona que cree en Jesús y no tiene miedo de decir que Jesús es su Señor y Salvador. Él está esperando que reconozcas que Él siempre está presto para ayudarte.

Yo he leído muchos libros y se de unas cuantas filosofías y he llegado a esta conclusión: Yo voy a dejarme guiar por lo que dice la biblia. Aunque algunas cosas no las comprenda bien Y aunque algunos dicen que se contradice. Yo veo la biblia como el libro de instrucciones que Dios le ha dado al ser humano, su contenido es divino.

Si te han diagnosticado y te han etiquetado con lo que llaman "Enfermedades Mentales" debes leer este libro. Si no has recibido un diagnóstico de enfermedad mental pero abusas drogas o alcohol, debes leer este libro. Es muy probable que estés usando estos químicos como un medicamento para calmar tu dolor, angustia, desesperación, concentrarte mejor o para poder dormir.

Es interesante el observar como algunas personas se expresan en las redes sociales; muchas personas piensan que están "mentalmente estables" pero las consistencias de sus comentarios los delatan. Muchas veces se puede notar que en su diario vivir se encuentra el miedo, la ansiedad, el mal humor, odio, angustia (depresión) y mucho peor las posibilidades de suicidio, como nunca han sido diagnosticados piensan que todo está bien.

Tú, que nunca has recibido una evaluación psiquiatra, debes de leer este libro. Yo soy de los que creen que de músico, poeta y loco, todos tenemos un poco. Sería formidable si fuera un mandato para todos el recibir una evaluación psiquiátrica, digo esto pues conozco muchas personas que en sus relaciones interpersonales tienen muchos problemas y se beneficiarían si por lo menos pudieran conversar unas cuantas veces con un consejero cristiano. Gracias a Dios cada día tengo un mejor control de mis pensamientos negativos y me esfuerzo por tratar bien a otras personas para cultivar buenas relaciones. He aprendido a hacer mi parte, y dejarlo todo en las manos de Dios, el único que verdaderamente conoce mis pensamientos.

Yo les voy a pedir un favor, de ahora en adelante cuando usted escuche que alguien habla de "enfermedad mental" recuerde lo siguiente. El cerebro es un órgano y se estima que este tiene cien mil millones de neuronas (células cerebrales), cada una de ellas con hasta diez mil conexiones individuales a otras células. Esto significa que usted tiene más conexiones en su cerebro que las estrellas que hay en el universo. Muchas veces a las enfermedades del cerebro, se les llaman "enfermedades mentales" y al hacerlo cometen un error. La mente no es un órgano, no es algo que se puede tocar. ¿Y cómo sabemos si es mental o cerebral? En realidad es muy difícil el saber la diferencia, solo aquellos que tienen el dinero necesario o un buen seguro médico pueden tener una mejor idea de que es lo que realmente está sucediendo. Le pido a Dios que te ilumine y te llene de sabiduría de lo alto mientras lees y pasas las páginas de este libro. Dios te continúe bendiciendo.

Rosa María Toussaint-Ortiz

RECONOCIMIENTO

Primeramente mil gracias al Espíritu Santo por siempre estar conmigo y ayudarme en mis horas más oscuras. Nunca olvidaré todas las ocasiones cuando trate de quitarme la vida, pero me diste tu paz y tu gozo y lo impediste. Siempre te agradeceré por hablarme tan claro en esas dos ocasiones en el 1994 y darme tu paz cuando por poco lo termino todo, incluyendo la vida de mis amados hijos.

A mi Pastora, Sonia González y a todos mis hermanos en la fe por sus oraciones para que este libro se pudiera publicar.

Agradezco a mis hermanos, primos, cuñados y otros familiares por su amor sincero.

Muchísimas gracias a Claudia Santiago y su equipo VPGI Enterprises, ella es mi entrenador (coach), editor, manager, asesor técnico de internet, hermana en Cristo y mi Amiga. Ella me ayudó con todo el protocolo de escribir este libro y publicarlo; definitivamente Dios la puso en mi camino. No hubiese podido lograrlo sin la ayuda de ella.

Muchas Gracias a Ana Rosa Samalot profesora y

ministro de la palabra de Dios, por la corrección gramatical y la revisión de algunas partes de este manuscrito.

PRÓLOGO

Por Claudia Santiago

Las limitaciones son prisiones. Vienen en todas las formas y tamaños. Pueden ser puestas por usted mismo, por otros y debido a circunstancias de la vida; lamentablemente algunas de las peores formas de limitaciones pueden ser las impuestas por aquellos que están más cerca de nosotros. Hay una diferencia entre los límites y las limitaciones. Los límites se ponen por la seguridad, la protección y las relaciones saludables y dan vida. Los límites adecuados nos permiten movernos hacia la plenitud de nuestros potenciales dados por Dios! Las limitaciones nos quitan parte de la vida. Son las cosas que nos atan y tienen el propósito de mantenernos alejados de nuestro verdadero destino y llamamiento. Mi oración mientras escribo este prólogo es esta, que usted entienda que no hay límites para los hijos de Dios. Agárrese de su verdadera identidad y su ADN del reino de Dios!

Moisés era un hebreo y creció en Egipto. Las circunstancias independientemente de su voluntad lo colocaron en un lugar donde se crio sin su familia. El solo tenía conocimiento de su familia egipcia y su comunidad. Dios había puesto una semilla dentro de él antes de que él naciera. Esta semilla era su vocación (su llamado) dada a él por Dios. Dios había predestinado su vida para grandeza. A través de los años, Moisés fue preparado en las salas de los palacios del rey, altamente capacitado en todos los sentidos. Él era un líder fuerte y muy respetado en Egipto, más sin embargo, él no sabía que su ADN no era egipcio.

Años más tarde, Dios comenzó a mover las piezas del ajedrez. El escucho los gritos de las personas que estaban esclavizadas y maltratadas. Dios entonces decidió que ya era suficiente y le reveló a Moisés quien era el en la realidad, un hebreo y un hijo de Dios. Ese era su verdadero ADN.

Dios llevo a Moisés de Egipto al desierto. Mientras él estaba en el desierto, Dios comenzó a hablar con él. También le trajo a Moisés una esposa leal. Todo esto ocurrió fuera de Egipto. Esto sucedió en el desierto.

El Moisés que creció en un palacio y sólo conocían de los privilegios de la realeza, fue reducido a no tener nada de comer, a luchar por su vida y en contra de los elementos en el desierto. Moisés conoció a Dios en una zarza ardiente, donde su apariencia cambió mientras estaba en Tierra Santa. Más tarde Conoció a una joven pastora muy simple y se enamoró. Ella no creció en un palacio o se daba baños preparados con perfumes finos; ella recibió su preparación en el desierto, en presencia de su padre celestial. Ella sabía lo que la verdadera intimidad con su Dios era y era la compañera perfecta para Moisés. Ella no era una hermosa princesa egipcia preparada para ser una reina, pero era de línea de Abraham. Ellos fueron igualmente unidos con propósitos de grandeza en el reino de Dios.

El tiempo paso y Moisés tuvo que enfrentarse al Faraón de Egipto con lo que parecía una apelación ridícula "Deja ir a mi pueblo!". El rey se burló de su petición, sin embargo, Moisés continúo presionándolo y Dios trajo señales y milagros para ayudar a hablar al corazón endurecido del Faraón; finalmente, después de la última plaga y de haber muerto el hijo de Faraón, este permitió que el pueblo de Dios se fuera.

Así fue que los hebreos celebraron la promesa que Dios había hablado años antes y fueron liberados de su cautiverio. Moisés estaba entonces en condiciones de llevar una gran cantidad de personas con todas sus cargas y confusiones culturales a través del desierto. El pueblo ahora celebra la libertad de la esclavitud en el desierto! Como líder, no puedo imaginar tan grande carga.

Así que la historia continúa, es una larga historia, pero voy a enfatizar en una de las tantas cosas que le sucedieron a los hebreos durante su jornada por el desierto en camino a la tierra prometida. Mientras ellos estaban en el desierto, el faraón decidió que no iba a dejarlos que se salieran con las suyas y reunió a sus tropas para ir a buscarlos y hacerlos regresar.

Los soldados eran muchos, al igual sus carros y todo su armamento eran de la mejor calidad y buena resistencia. Era una situación como la de David y Goliat. Por todos los medios, los hebreos no tenían ninguna posibilidad de vencer al faraón y su poderoso ejército egipcio. Los hebreos tenían miedo cuando se acercaron al Mar Rojo, porque todo en lo natural señalaba a su desaparición, ya que ahora estaban acorralados.

Cuando Moisés clamo a Dios las cosas se pusieron interesantes. Anteriormente, Dios no le había revelado a Moisés este gran obstáculo del Mar Rojo y el ejército egipcio viniendo detrás de ellos; Este era un nuevo reto, esto nunca se había discutido. Moisés simplemente confió en Dios y obedeció. Dios respondió a Moisés y separó las aguas impetuosas del Mar Rojo!

Lo único que Moisés tenía que hacer era pedir, creer, obedecer. Luego tuvo que dirigir a un pueblo que estaba traumatizado al ver el ejército egipcio acercarse. Moisés los condujo y pudieron cruzar el mar rojo. El ejército egipcio venia justo detrás de ellos y también estaban cruzando el Mar Rojo, pero Dios, cerró las aguas sobre ellos y el ejército egipcio fue tragado por las aguas impetuosas del Mar Rojo.

Por más de cuarenta años en el desierto, Dios se le apareció a Moisés y a los hebreos, hasta que Josué se levantó en mando y los hebreos entraron en la tierra prometida.

En la biblia encontramos relatos similares, la historia de José, Daniel, Ester, Débora y muchos más. Una y otra vez, Dios intervino y demostró su gloria en tremendas y difíciles circunstancias. La vida no era fácil para estas personas. La vida no está destinada a ser fácil. La vida está hecha para que nosotros cumplamos los propósitos de Dios en nuestras vidas. El Reino de Dios, en la tierra como en el cielo.

Si Moisés le hubiera dicho a Dios "Yo sé que soy hebreo y necesitas a alguien que los libere, pero yo no puedo, me gusta mucho mi vida en Egipto, conmigo no cuentes, por favor búscate a otro que los libere". ¿Te imaginas? O si Esther hubiese dicho, "Me dijeron en mi comunidad que las jóvenes que le sirven a Dios no usan maquillaje o se ponen joyas, no señor, yo no puedo hacer esto, no creo que Dios me pueda usar en el palacio del rey para salvar a Su Pueblo".

Conocí a Rosa Toussaint Ortiz hace poco tiempo. Una colega me sugirió que asistiera a Rosa con un libro que estaba escribiendo en español y también con entrenamiento (coaching). Esto ocurrió mientras yo estaba pasando por unos enormes desafíos y también mi tiempo era muy limitado; yo que estaba trabajando en otros proyectos. Todo dentro de mí estaba diciendo "Claudia tú no tienes tiempo para eso, y en realidad tú no sabes quién es Rosa. Es mejor que les digas a todos que no" pero algo dentro de mí simplemente no me dejaba decirle no. Busque la dirección de Dios por unos días. Yo seguía escuchando en mi corazón "No Limitaciones" Entonces sentí que la forma que yo iba a tener tiempo para Rosa y los proyectos de otros que necesitaran mi ayuda durante esta temporada era dejando al lado algo que era muy querido para mi corazón y de hecho en mi carrera profesional. Yo estaba escribiendo mi propio libro; y pensaba que mi libro era en lo que yo tenía que enfocarme.

Yo no compartí con Rosa ni con las otras personas que estaba ayudando en ese momento cual era mi dilema. Esta era mi realidad; para poder ayudarlos a ellos a avanzar en sus carreras o ministerios yo tenía que poner mi libro y otras cosas en mi carrera a un lado. La realidad es que Rosa también me pidió que escribiera el prólogo de su libro y yo le dije que sí, y que lo haría tan pronto ella terminara el manuscrito. Mientras yo escribía este prologo ella y los otros aun no estaban al tanto de que yo tuve que parar de escribir mi libro para poder ayudarlos a ellos a poder terminar sus libros primero. Entendí que Dios me estaba llamando a dar de mi como primer fruto. Como Abraham puso a Isaac en el altar, yo tenía que poner mis propios planes en el Altar y seguir los planes de Dios. En realidad lo que estoy compartiendo con ustedes es actualmente parte de mi libro, "Vida Vision Success Keys" (Llaves de Éxito Vida! Visión). El cual no he terminado de escribir en este momento.

Este es mi primer fruto!! Estoy dejando a Rosa que presente su libro al mundo antes que yo y con mi apoyo completo. Mientras más yo lo pienso entiendo que mi legado es el poner a otros antes que yo. No acapararlo todo para nosotros sino compartir el escenario. Amo lo que estoy haciendo, esto es lo que lo que los verdaderos padres hacen, el mismo corazón de cómo es Dios. Ellos ponen las necesidades de sus hijos antes que la de ellos para el gran propósito del reino de Dios. Esto es ser un líder servidor. Es un honor vivir la vida así para la gloria de Dios y avanzar su reino.

De la misma forma podemos ver este principio en la vida de Moisés. Moisés estaba construyendo a Egipto, él pensaba que ese debería de ser su enfoque, pero Dios decidió que ese era el tiempo de cumplir la promesa a los hebreos. Y El llamo a Moisés. Dios interrumpió la vida de Moisés.

He aprendido a lo largo de los años en el ministerio, ir siempre a Dios y buscar Su corazón. Dios me ha bendecido con una carrera maravillosa como cantante internacional, locutora, actriz, autora, entrenadora y consultora. Al igual que Rosa, muchos años de mi vida los viví con privaciones extremas, injusticias e incluso luchando una enfermedad que amenazaba mi vida. Me dijeron que nunca volvería a subir a un avión y viajar porque mi vida pendía de un hilo. Más tarde, Dios haría un camino donde no parecía haber ninguna manera y él abrió puertas que ningún hombre podía cerrar!

Aunque mi vida como artista cristiano ha sido una bendición, mi carrera como empresario/emprendedor: líder de una red global, empoderando y capacitando con entrenamientos es una de las cosas que Dios me ha honrado con permitirme hacerlo. El Señor me ha permitido vivir y dar a luz a muchas cosas que estaban en su corazón. Así que como Ester, Débora, David, Moisés, José, por ahora abandono mi enfoque y hago espacio para este proyecto. Tomé el reto y no lo lamento. Una de las grandes razones por lo que tomé el reto es que en mis primeras conversaciones con Rosa, sentí fuertemente que muchas "limitaciones" se habían colocado en ella a través de los años. Esto fue antes de que yo leyera su manuscrito.

Después de leer su manuscrito inicial yo sabía que

esto era una confirmación de lo que había escuchado del Espíritu Santo de Dios. Las lágrimas rodaron por mis mejillas y tuve que incluso poner el manuscrito a un lado hasta que mi corazón afligido llorara por lo que Rosa había pasado en su vida. Las injusticias, maltratos, pérdidas, quejas, me tocaron hasta la médula. Me sentí como que Dios estaba diciendo al Faraón "Deja ir a mi pueblo" Sí, esto es lo que yo sentía. Hay muchas personas con experiencias parecidas a las de Rosa, que todavía están en la esclavitud, cargando con las limitaciones que otros le han puesto

Le dije a Rosa un día durante nuestra llamada de coaching "Rosa, tienes que dejar de ponerte límites a ti misma." Si yo voy a estar trabajando contigo, tienes hablar un idioma diferente y empezar a tomar el ADN de tu padre celestial. Él no tiene límites "Estás llamada a elevarte para ayudar a un pueblo." "Rosa, este es el momento, Dios ya ha abierto el camino para ti y tu ministerio y empresa; yo simplemente estoy aquí para ayudarte, y es el momento de seguir adelante en la victoria"

Así que hicimos un trato, desde ese momento en adelante ella iba a ver las cosas de manera diferente. Estoy tan orgulloso de Rosa, de como ella ha superado ideas limitantes y está avanzando por el bien del gran llamado de Dios en su vida.

Digo todo esto para decir que Dios se ha manifestado con poder y gloria. El propósito del libro de Rosa, y los otros proyectos en que he estado trabajando es permitir que el amor de Dios, su gracia y su luz brillen de una manera que nunca yo hubiese podido haber expresado en mis propias palabras.

Creo que es una carta del amor de Dios escrito a su pueblo. Sólo él escribe las historias de nuestras vidas. Me siento honrada de tener esta oportunidad y trabajar con Rosa y otros en esta temporada, me ha dado mucha alegría y ha sido un maravilloso desafío al mismo tiempo! Estoy verdaderamente agradecida, sé que Dios me ha dado la oportunidad de asociarme con su plan divino para avanzar el Reino de Dios en la tierra.

Usted será bendecido por el corazón de Rosa, su estilo de escritura, su profesionalidad, tanto como escritora y como persona. Creo que hay muchos más libros aún que no se han escrito por esta maravillosa mujer de Dios.

Toda persona que lea este libro se sentirá movido a cambiar, retado, e inspirado. Yo te reto a tomar este libro, leerlo y también animar a otros diez a que hagan lo mismo.

De la misma forma que Moisés condujo a un pueblo a la tierra prometida, la historia de Dios a través de la vida de Rosa será una historia que romperá barreras y ayudara a otros a poder llegar a su tierra prometida. Levántate, generación Josué!

Se bendecido a medida que les este libro y permite que el Espíritu Santo de Dios te hable con ternura y pasión, ya que sólo Él puede hacerlo.

No más esclavitud, No hay más limitaciones, No hay más prisiones. Sí, este es tu momento para avanzar en victoria. Tú eres un heredero, un hijo y una hija del Dios Altísimo. Cuando Dios abre Su boca y dice "deja ir a mi pueblo" Su aliento de vida es soltado y todo lo que es falso se cae al suelo y todo lo que es amor y vida echa raíces y crece. Sé alentado hoy y agárrate del ADN del Reino de tu herencia Él hará un camino donde no parece haberlo.

No hay límites! - Claudia Santiago

Cantante Internacional, Conferencista, Actor, Coach y Consultor www.ClaudiaSantiago.com

CEO de Viva-La-Vida! Éxito Network y Instituto Llaves Vida Visión

English: www.VivaLaVidaSuccess.com
Español: www.VivaLaVidaExito.com

Empresa VPGI Enterprises: Agencia | Manejo | Producciones | Publicaciones |Vancouver, Canadá

www.vpgroupinternational.com

1

ENVIADA

RECORDÁNDOME QUE SOY UN ESPÍRITU

Yo soy muy pensadora y tengo mi propia teoría de lo que entiendo sobre mi vida y lo que veo a mi alrededor, claro basado en lo que entiendo en la biblia. En Juan 19:30 dice esto: Al probar Jesús el vinagre, dijo: "Todo se ha cumplido" Luego inclinó la cabeza y entregó el espíritu.[1]

Que poderoso es este verso. ¿Entiendes lo que dice aquí? Permíteme decirte lo que yo entiendo. Tú y yo somos un espíritu, que vive para siempre. Jesús nunca olvido que él era un espíritu y que para vivir en esta tierra necesitaba un cuerpo, sin su cuerpo no iba poder hacer la voluntad de Dios. Aquí lo que yo veo es lo natural y lo sobrenatural del ser humano. Dios, nuestro creador es espíritu y es el único que todo lo sabe, nosotros solo podemos especular. Jesús, a los doce años se perdió en el templo pero él sabía lo que hacía. En una ocasión le dijo a su madre: "todavía no ha llegado mi hora" Juan 2:4. Jesús estaba muy consiente de todo lo que le iba a suceder, cuando, por qué, etc. a Jesús (espíritu) no se le olvido nada cuando llego a la tierra.

Muchas personas viven su vida sin darle la importancia a nuestra verdadera realidad, todo ser humano es un espíritu y este espíritu no muere, regresa al Padre. Nos olvidamos que estamos en este mundo de pasada. Y por difícil que sea nuestra vida nunca va a ser tan difícil como la de Jesús. El cuerpo de Jesús era un cuerpo como el de nosotros y si tú has leído la biblia ya sabes todo lo que le sucedió.

Cuando me pongo a pensar en mi llegada a la tierra lo veo de esta manera; el Creador y Padre Celestial, decidió que era mi turno de venir a la tierra. Ya Él lo tenía todo planificado, razón y propósito. Y se lo explico a mi espíritu, de la misma manera que Él se lo explico a Jesús. Yo no tengo idea de lo que pasó o como paso pero todas las instrucciones que mi espíritu recibió las olvido al llegar a la tierra. Y como las olvido empezó a formar sus propias ideas de lo que debía hacer.

Y ahí empezó todo el problema, pues lo que yo pensaba que debía hacer, no necesariamente era parte del plan de Dios para mí, y esto ha causado mi frustración. Si yo hubiese entendido el plan de Dios desde el comienzo, mi vida hubiese sido menos complicada. Pues iba a saber todo, paso por paso hasta el final, como cuando ves una película por segunda vez. A Jesús nunca se le olvidó el plan y su propósito de venir a la tierra. Estoy segura de que esto tiene que estar relacionado con el hecho de que Jesús no nació con la herencia del pecado.

Deseando Otro Cuerpo

¿Sabías tú que los componentes químicos del cuerpo humano son exactamente los mismos elementos químicos del polvo de la tierra? Cuando un cuerpo humano es incinerado lo que queda es polvo.1

Es cierto que tenemos carne, huesos, órganos, sangre y mucho más, pero sin el espíritu (ver Génesis 2) el cuerpo no tiene valor.

Esto es lo que yo creo que me sucedió a mí, a mi espíritu, cuando mi Dios y Padre Celestial me envió a esta tierra. Yo pienso que mi llegada a la tierra no debió haber sido algo muy deseado para mi madre debido a las circunstancias en que vivía, era muy pobre y estaba muy enferma pero tomo la decisión de permitirme nacer. Yo pienso que tan pronto salimos del cuerpo de nuestras madres y respiramos a nuestro espíritu se le olvida su asignación. La contaminación del pecado que existe en este mundo bloquea la memoria de nuestro espíritu y ahí comienza la confusión. No olvidemos que satanás es el príncipe de este mundo. (Juan 12:31).

Dios que es perfecto puso cada espíritu en el cuerpo correcto, esto es lo que yo creo. Hemos visto en las noticias a personas que son flacas pero que se ven gordas; otras se hacen cirugía plástica, para cambiar algo en su cuerpo que no les agrada pero que los demás vemos normal. Esto me da a entender que hay un conflicto entre nuestro espíritu y nuestro cuerpo. Y me recuerda lo que dice la biblia; porque el deseo de la carne es contra el espíritu, y el del espíritu es contra la carne; y estos se oponen entre sí para que no hagáis lo que quisiereis. Gálatas 5:17

Cuando yo empecé a entender lo que era un espejo me sentía muy insatisfecha con mi reflejo. No me gustaba lo que veía. No me gustaba la cara, ni la nariz, ni los ojos, ni la boca, ni el cabello, nada de lo que estaba en mi cara. Y ahí continúo el conflicto entre mi espíritu y mi cuerpo. Por la gracia de Dios tengo más de cincuenta años y me siento más feliz ahora que cuando estaba en mis veintes; ahora cuando me veo en el espejo lo que veo me agrada y me sonrió conmigo misma.

A mí me cuenta mi hermana mayor que desde que nací yo era muy enfermiza. Ella me conto que en una ocasión estaba tan enferma con la cólera que mis padres me compraron un ataúd para estar preparados para ese momento. Desde que nací he estado peleando con la muerte. Me ha querido terminar con enfermedades, accidentes, y hasta con actos criminales de parte de otros hacia mí; gracias a Dios no ha podido ganar. Y le pido a mi Dios que no permita que yo muera de una muerte prematura. Mi muerte va a suceder el día que sea parte de la voluntad de Dios para mí. Algunas personas no están al tanto de que la biblia dice que la muerte es un enemigo de Dios, 1 Corintios 15:26. La guerra más grande que he tenido con la muerte ha sido debido a pensamientos e ideas de suicidio.

En Familia

Yo pienso que para que puedas entender mi historia y el mensaje de este libro debo decirte algunas cosas de mí pasado. Mi mama y mi Papa se supone que habían estado separados por nueve años. Cuando mi Mama quedo embarazada mi Papa tenía una nueva familia y mi Mama continuaba sola.

Me explico, mi Papá y mi Mama vivieron juntos por muchos años, y durante ese tiempo nació mi hermana que me lleva doce años y mi hermano que me lleva nueve. Es mi entender que mis padres dejaron de vivir juntos y mi papá comenzó otra familia de donde nacieron mi otra hermana y mi otro hermano a quienes quiero como si fuésemos hermanos de padre y madre.

Aparentemente mis padres continuaban viéndose pues nací yo, y aunque miembros de la familia decían que él no era mi papá, él nunca me negó. Algo que me ayudó a creer que es mi papa es una marca de nacimiento que ambos tenemos; pero les voy a ser sincera, la duda se sembró en mí. Recuerdo que mi mama estaba muy enferma y no podía cuidar de mis hermanos mayores. Ella y yo vivíamos solas y mis hermanos con mi papa.

No voy a entrar en detalle pero sé que te puedes imaginar que son muchos los conflictos que envuelven el tener un Padre con dos familias. Mi situación era un poco más difícil debido a que mi Mama estaba muy enferma. Cuando pienso en ella la veo en la cama quejándose de dolor, pero al mismo tiempo siento su amor. Yo me sentía amada y segura con ella. Un día se la llevaron al hospital y jamás volví a verla, falleció. Yo tenía como siete años cuando esto sucedió.

Al morir mi mamá, aunque le rogué a mi papa que no me enviara a Puerto Rico a vivir con parientes, él me envió. Entiendo que para él, era lo mejor. Yo sé que él pensaba que yo iba a tener un futuro mejor, y le agradezco su decisión pues sé que lo hizo con buena intención. Lo triste fue que todo lo que yo conocía quedó atrás. Perdí todo el contacto con la familia de parte de mi mama.

La vida con mis nuevos parientes fue muy

dolorosa, no me sentía amada. Siempre andaba preocupada y con miedo de lo que iba a decir pues el resultado podría ser el escuchar gritos, y maldiciones o podrían ser galletadas o patadas. Yo estoy mencionando mis experiencias con parientes que me abusaron, primeramente para que todo adulto que lea este libro entienda que una de las tantas razones de porque no debemos abusar a un niño es porque el continuo abuso le causa daño al cerebro y al espíritu de una persona. Y también para ensenarte que si te abusaron tienes que perdonar pues es la única forma de sanar. Yo veo a estos familiares como víctimas del enemigo de nuestras almas. Yo pienso que los uso a ellos con el propósito de destruirme. Ellos eran víctimas de sus propias circunstancia, talvez tenían algún tipo de daño cerebral que les impedía controlar su enojo. Yo en verdad no sé, de lo que estoy bien clara es que los perdone.

No me cabe duda que las etiquetas que los Psiquiatras me han puesto están relacionados con las adversidades que he tenido; la pérdida de mi madre y el abuso que recibí cuando pequeña. Lo que ni yo, ni ningún otro ser humano puede decir con certeza es donde ocurrió el daño, si en el cerebro (un órgano), en la mente o en el espíritu, que son algo abstracto. Se ha comprobado por medio de estudios que el maltrato infantil causa daños en el cerebro. En mi caso es posible que tenga una lesión cerebral pues en una ocasión uno de mis parientes me rompió la cabeza y no me llevaron al médico, en la escuela me vieron la herida. Esto provocó que el Departamento de protección de niños investigara mi caso; y esta fue una de las razones por la que fui llevada a vivir a un hogar para niñas (orfanato) administrado por monjas.

Hacen unos años mientras buscaba información sobre la cultura del país de Haití me encontré con la palabra Restavek;3 esta implica una forma de esclavitud infantil. Culturalmente todavía es aceptada en algunos países. La práctica nació como un mecanismo cultural, en donde las familias pobres enviaban a sus hijos a parientes más pudientes, como una forma de mejorar sus vidas. Sin embargo, lo que sucede en muchos casos (y fue mi experiencia) que a menudo reciben abuso físico, sexual, emocional, y en ocasiones lo privan de comida y sueño.

Es un sistema de trabajo infantil. Yo ayudaba con las tareas domésticas, le limpiaba la cabeza y los pies a un miembro de la familia en contra de mis deseos. También en ocasiones tenía que vender pan de maíz en el vecindario. Esto era a cambio de una educación y una supuesta mejor calidad de vida. La dueña de la casa siempre me recordaba que mi papá no le mandaba ni un centavo. Yo entendía que por esa razón tenía que hacer lo que se me pedía que hiciera.[4]

Que bendición es el poder hablar de ese pasado y sentir paz. Cuando observo mi vida en toda su totalidad las bendiciones sobrepasan en gran manera a las adversidades. Este verso bíblico me ha ayudado a no dejar que lo malo de mi pasado o lo malo que llegue en el futuro me desanime. Y sabemos que a los que aman a Dios, todas las cosas nos ayudan a bien, esto es, a los que conforme a sus propósito son llamados (Romanos 8:28).

A veces vemos a otras personas que se pueden observar agresivos o talvez depresivos e inmediatamente concluimos que están endemoniados. Cuando usted llama endemoniado a un siervo de Dios porque se ve depresivo da a conocer su poco conocimiento de la palabra de Dios. Este hijo(a) de Dios puede estar siendo acosado por malos espíritus, pero por lo que yo entiendo al leer la biblia un espíritu malo y el Espíritu Santo no pueden vivir dentro de una persona al mismo tiempo. Además las enfermedades como la diabetes, lupus y otros tienden a causar depresión y mal humor. Existen las enfermedades por diferentes situaciones, y no debemos poner demonios donde no los hay.

Los que nos reunimos en las iglesias somos una familia pero tristemente muchas de nuestras iglesias están operando con mucha disfunción. Yo creo en el ministerio de liberación siempre y cuando sea dirigido por el Espíritu Santo, no debe ser un desorden ni un evento traumático para los niños que estén observando.

El muy conocido Pastor Rick Warren5 (autor del libro Vida de Propósito) perdió a su hijo debido a un suicidio en el 2013. El reconoce que las iglesias deben de tener un ministerio (maestros) pastoral, dedicado a la salud mental donde se provee educación de cómo mejorar y sanar las vidas de nuestros hermanos que están batallando con enfermedades mentales/cerebrales.

Tenemos que educar individualmente o con talleres sobre hábitos que hay que cambiar para vivir una vida con menos tensión. Si alguien en la iglesia está batallando con pensamientos negativos como el deseo de suicidarse debe haber alguien en la iglesia preparado para saber cómo aconsejar a esta persona sin hacer la situación más difícil. Las megas Iglesia están cuidando de sus familias y están creciendo por que a los seres humanos nos gusta que nos entiendan, que nos respeten y nos busquen la vuelta.

Que agradable es el tomar una clase con otros hermanos sobre la alimentación y la necesidad de hacer ejercicios usando principios bíblicos. Es muy sabio el ofrecer este tipo de conocimiento en nuestras iglesias además de los estudios bíblicos, la oración, la adoración y la predicación. Las estadísticas nos dicen que de cada cuatro personas una padece de alguna enfermedad mental a lo largo de su vida, esas son muchas almas. Le pido a Dios que le de sabiduría de lo alto a nuestros líderes cristianos para que puedan bendecir en todo tiempo a la familia espiritual.

2

MIS EXPERIENCIAS

Parecidas Pero No Iguales

Es muy posible que tú también hayas tenido una niñez llena de conflictos o podría ser que los conflictos comenzaron en tu juventud o como adulto. Si te sientes como un sobreviviente, debes escribir tu historia pues es posible que tu experiencia ayude a otros, tal vez le des las fuerzas que necesitan para vivir.

Te voy a dar un consejo, si tienes niños pequeños, usa todo lo que tienes a tu alcance para protegerlos de tu mal carácter y el de los demás. Tú sabes por experiencia que lo que te sucedió cuando niño se sigue recordando de adulto. Si hay miembros en tu familia que son violentos, que se emborrachan, o usan drogas; debes de hacer todo lo posible de sacar a tus hijos de esa situación. Y por favor cuídalos de abusadores sexuales. Las estadísticas prueban que un porciento alto de las personas que abusan a niños también recibieron abuso cuando niños, es un círculo vicioso.

Si tus niños están en una situación así busca ayuda en tu comunidad o pídele ayuda a un Pastor(a) capacitado. Si alguien te aconseja que te quedes en una relación donde estás recibiendo abuso te están dando un consejo erróneo. En los Estados Unidos, los maestros, trabajadores sociales, pastores y otros líderes religiosos están obligados a reportar a las autoridades si tus niños o tú están recibiendo abuso, y si no lo hacen pueden terminar en la cárcel; pide ayuda en las escuelas u otras agencias. Yo, por la gracia de Dios, soy una de las afortunadas, otros con experiencias parecidas a las mía, están envueltos en la prostitución, el abuso de las drogas y el alcohol y otros estilos de vida deprimente.

Yo sé que hay otras personas que sus heridas internas, espiritualmente hablando, están abiertas, están sangrando. Y otros están en el proceso de sanidad. Este libro fue escrito para ti, para los que reconocemos que somos imperfectos pero somos resistentes como un resorte. Nos mantenemos en la lucha, y aunque muchos no nos entiendan y nos juzguen, en lo profundo de nuestro ser sabemos que alguien nos ama, nos entiende, y tiene misericordia de nosotros. El que nos creó sabe que somos valiosos. Conoce nuestro corazón, nuestro deseo de ser mejores, nos tiene paciencia, pues sabe de los ataques espirituales que recibimos diariamente en nuestros pensamientos, es el único que sin equivocarse sabe si es un ataque del maligno o un desorden cerebral.

Este libro es sobre mis experiencias, y las comparto contigo esperando que mi transparencia pueda servir para ayudarte a ti o a otra persona a encontrar paz en medio de una situación difícil. Muchas personas por falta de experiencia y conocimiento desconocen los retos de las personas que han sido diagnosticadas con una enfermedad mental/cerebral, o que estén batallando con problemas emocionales. Que fantástico seria si toda persona que decide hacerse cristiano y está enfermo recibiera la sanidad al levantar las manos, para algunos esa ha sido su experiencia pero no para mí.

Mi sanidad comenzó cuando me decidí a aceptar que existe un Dios todopoderoso, que me creo y me ama. Y que este Dios mandó a su único hijo al mundo, a morir por mí. Y luego entendí que después de morir, este Dios amoroso envió a su Espíritu Santo a la tierra para ayudarme a mí y a todos los seres humanos. Y lo único que yo tuve que hacer fue decir de todo corazón "Jesús, yo creo lo que dice la biblia de ti y te acepto como mi Señor y Salvador" (lea, Juan 3:16).

También entendí lo que dice la biblia del Espíritu Santo y le pedí que me ayudara a hacer la voluntad de Dios. Entendí que la biblia es el libro de instrucciones de Dios para el ser humano y por eso la estudio. También me hice miembro de una iglesia (hospital para la sanidad espiritual). Es muy lamentable el ver que muchos en la iglesia piensan que están sanos, cuando los demás a su alrededor pueden ver sus heridas abiertas, en estos casos es la responsabilidad de los demás el orar por ellos para que Dios se lo revele; ellos tienen que vivir sus propias experiencias. Y los demás, debemos continuar en este proceso, continuemos sanando y mejorando.

Si No Te Mata, Te Hace Fuerte

La necesidad más grande que tenemos es que alguien nos ame y que nosotros podamos amar a alguien. Esto es lo más importante y esencial para el ser humano. La mayoría de nosotros hemos sido heridos, maltratados, y rechazados cuando éramos niños o en otra ocasión.[2] En el pasado cuando me sentía rechazada, no amada, usada, atrapada, no entendida y juzgada, inmediatamente aparecían pensamientos continuos que me aconsejaban "matate, nadie te quiere" Gracias a Dios en el presente no me sucede.

Yo he perdido la cuenta de los pensamientos suicidas que he tenido desde que tenía los catorce años. He intentado suicidarme unas cuantas veces y he estado hospitalizada también. Te estoy confesando esto porque en mi espíritu estoy segura de que mi transparencia puede servir de beneficio para ayudar a muchos. Cada día escuchamos en las noticias o sabemos de alguien que se suicida por diferentes razones. Ayer escuche de un pastor que se suicidó y no es el primero; nadie nos puede culpar si dijéramos, si el pastor se suicidó, qué esperanza tenemos los demás.

Yo te digo que tenemos mucha esperanza, si confesamos y somos transparentes con nuestros seres queridos cuando tenemos un problema o cuando vienen pensamientos suicidas. Si tienes un pastor que no es sensible a tu situación, sigue buscando hasta que encuentres un pastor que tenga empatía, que te respete, que te trate con paciencia, que te quiera ayudar y sepa cómo ayudarte, tu vida eterna depende de esto. Al diablo, nuestro enemigo, le encanta que guardemos este secreto, pues cuando él nos tortura es una pelea entre él y nosotros solamente. Y si Dios no mete su mano como dicen en mi país él te gana y te lleva, como yo no quiero que él me lleve, estoy haciendo esto público.

Mi deseo es motivarte a ti para que promuevas en tu comunidad, especialmente en las iglesias hispanas, que es importante el tener ministerios de enseñanza sobre la salud mental/cerebral y la prevención de suicidios. Tenemos que ayudar a nuestros familiares, hermanos de la iglesia y otros seres queridos a que no mantengan en secreto cuando tengan pensamientos que le aconsejan que se hagan daño. Que al momento de sentirlo puedan llamar a un ser querido y a sus hermanos de la iglesia para que oren con él, sin que lo juzguen o le aconsejen erróneamente debido a que no han sido propiamente educados en lo que concierne a la salud mental/cerebral.

Nuestras iglesias Hispanas deben empezar a copiar a las iglesias americanas obteniendo los recursos necesarios para ayudar a los hermanos a mantener una buena salud mental/cerebral. Las iglesias americanas han aprendido de lo fácil que es caer en una demanda y tener que perder tiempo y dinero con el sistema judicial, muchas ya tienen consejeros cristianos con licencias en las iglesias a la disposición de todos sus miembros. Yo he tenido la oportunidad de servir como interprete en una de estas iglesias en diferentes ocasiones y soy testigo de lo mucho que el consejero cristiano ayudo a esas familias en crisis.

He sabido de hermanos que han sido diagnosticados con enfermedad mentales/cerebrales y afirman que están sanos y que fueron sanados en un instante, y le doy las gracias a Dios por su bendición pero ese no ha sido mi caso ni el caso de la mayoría. Para mí ha sido un proceso y Dios se ha mantenido fiel cubriéndome con su gracia. Cuando las personas tienen pensamientos suicidas necesitan personas que estén llenas de la misericordia de Dios, que sepan hablar con tacto y le presten atención para que la persona se sienta amada y valorada, y si ha pecado reciba el perdón, muchos alcohólicos y adictos a las drogas tienen la misma necesidad.

La biblia habla de personas que deseaban suicidarse, el profeta Elías es uno de ellos. Otros se suicidaron, Saúl y su escudero son otro ejemplo. Los teólogos han observado que la biblia habla muy poco sobre las enfermedades mentales y el suicidio. He escuchado a líderes detrás del pulpito hablando muchas cosas y dando su opinión sobre la salud mental/cerebral pero no pueden probar lo que dicen con versos bíblicos ni con conocimiento de la ciencia. Los teólogos no han encontrado un verso en la biblia que diga que el que se suicida va para el infierno, sin embargo esto es lo que se predica en nuestras iglesias. Con todo y esto yo no me suicidaría ni aconsejaría a nadie que lo hiciera pues Dios nuestro creador es quien en mi opinión debe quitarme la vida cuando él quiera.

Yo entiendo que el suicidio es como un campo de batalla entre la oscuridad y la luz. La biblia si ensena de opresión y posesión de demonios y he podido ver a una persona ser liberada de un demonio. Tenemos que estar bien claro en esto, no todas las personas que están batallando con una enfermedad mental/cerebral están endemoniadas. Gracias a la nueva tecnología se están viendo evidencias en los scanner del órgano del cerebro que muestran anormalidades en el cerebro de personas con desórdenes mentales/cerebrales.

¿Entiendes Tu Misión?

Ahora te voy hablar una vez más de mi teoría sobre lo que le sucede a nuestro espíritu cuando llega a la tierra. Esto de la enfermedades mental/cerebral, lo cual envuelve entre otras cosas la depresión, ansiedad, suicidio etc. afecta nuestra vida espiritual. Mientras tu espíritu esté viviendo en un conflicto no va a poder acordarse o entender su misión aquí en la tierra. Como Dios todo lo sabe, ya Él tenía su plan listo de cómo ayudarnos a recordar nuestra misión aquí en la tierra. Yo lo veo de esta manera, todos podemos recordar pero tristemente no todos podrán, pues es parte de un proceso, hay que seguir unos pasos.

Yo los llamo los siete pasos para recordar y son el resultado de mi propia experiencia.

1. Aceptar a Jesús como tu Señor y Salvador.

2. Hacerte parte de una comunidad de seguidores de Jesús que desean agradar a Dios con su cuerpo, espíritu y alma, donde te enseñen la palabra de Dios, usando la biblia. Y se predique la importancia de vivir en santidad, pues Dios es Santo.

3. El Bautismo en aguas por inmersión como Jesucristo.

4. Pídele a Dios que te bautice con su Espíritu

Santo

5. Pídele a Dios que te revele cuál es tu misión aquí en la tierra. Si obedeces a Dios (su palabra) él te lo revelara

6. Continúa viviendo una vida en santidad; no dije una vida perfecta. Por favor lee Gálatas 5:19:26. Si puedes, trata de ayunar por lo menos unas horas. Mientras ayunas, estate quieto a solas con Dios, leyendo tu biblia, orando y adorando a Dios con música Cristiana o sin música.

7. Pídele a Dios que te de la unción de su Espíritu Santo; este es el poder de Dios que cuando se manifieste en tu vida traerá a tu memoria lo que tienes que hacer. Sabes por qué sucede esto porque la unción del Espíritu Santo destruye lo que el enemigo ha usado para borrar de tu memoria el mandato de Dios para tu vida.

Recuerda, Jesús vivió en esta tierra por treinta y tres años, pero el principal propósito de su venida a la tierra se resume en sus últimos tres años. Jesús solo necesitaba tres años para cumplir su asignación principal por Dios el Padre. Tú y yo todavía estamos a tiempo. No importa tu edad, no importa lo que hayas estado haciendo hasta ahora. Empieza hoy, sigue estos siete pasos y te aseguro que podrás recordar.

Nosotros nos pasamos toda la vida de aquí para

allá, tratando de llenar el vacío, diciéndonos, tengo que hacer algo, que es lo que tengo que hacer y hacemos tanto que no hacemos nada; pues en realidad no estamos en el plan perfecto de Dios para nuestra vida. Hay otros que se frustran, se dan por vencidos y dicen yo no voy a ser nada porque no entiendo para que Dios me creó. Yo ya te di la solución, no más excusas sigue los siete pasos.

John MacArthur, el autor del libro La Voluntad de Dios, lo presenta de esta manera, él dice algo así, si usted aceptó a Jesús como su Señor y Salvador, está lleno del Espíritu Santo, viviendo una vida Santificada y se somete a las leyes de Dios entonces, "haga lo que quiera" porque quien lo está guiando a usted es el Espíritu Santo. Yo estoy de acuerdo con él, cuando usted está haciendo la voluntad de Dios usted siente paz y seguridad porque está haciendo lo correcto.

3

BÁSTATE MI GRACIA

Gracias Por Su Amor

En la 2 Carta a los Corintios en el capítulo 12 de los versículos 7-10, el apóstol Pablo dice esto: "Y para que la grandeza de las revelaciones no me exaltase desmedidamente, se me fue dado un aguijón en mi carne, un mensajero de satanás que me abofetee, para que no me enaltezca sobremanera; respecto a lo cual tres veces he rogado al Señor, que lo quite de mí. Y me ha dicho; "BÁSTATE MI GRACIA; PORQUE MI PODER SE PERFECCIONA EN LA DEBILIDAD".

El apóstol Pablo no fue claro al explicar que era este aguijón mensajero de satanás que lo abofeteaba. Él si nos deja saber muy claro que este aguijón estaba en su carne, y no en su espíritu o su mente. Él nos deja ver el amor de Dios y su misericordia cuando le dice;

BÁSTATE MI GRACIA; PORQUE MI PODER SE PERFECCIONA EN LA DEBILIDAD".

Pablo le pidió tres veces a Dios "quítame esto" pero Dios no se lo quito. Yo pienso que tal vez tenía una enfermedad en alguno de sus órganos, talvez su cerebro. Tú sabes lo difícil que debe haber sido esto para Pablo. Pablo estaba viviendo en aquellos tiempos cuando se veían muchos milagros de sanidad. A él mismo le mordió una víbora y no lo mato; el sanó al cojo de Listra y resucito a un muchacho. En una ocasión salvo a toda una tripulación; y ahora Pablo no se puede sanar de este mal.

Esto nos demuestra que Dios es el que manda en todo tiempo y que tenemos que sacar a Dios de nuestra cajita, nos hacemos nuestras propias idea de cómo Dios debe ser y como lo debe de hacer. Cuando él lo vea necesario va a contestar tu oración y cuando la conteste va a hacerlo a su manera; nuestra responsabilidad es seguir orando hasta que Él diga sí; o tal vez diga, no voy hacer lo que quieres pero mi gracia estará contigo.

Me gusta ver la humildad de Pablo, pues él continua diciendo esto; "me voy a gloriar de mis debilidades para que repose el poder de Cristo sobre mí." Y sigue diciendo "por amor a Cristo me voy a gozar en mis debilidades." Yo lo entiendo así, es como si él dijera esto: si me ofenden, insultan, desprecian, si me persiguen, si estoy angustiado, me voy a mantener gozoso pues cuando soy débil soy fuerte.

En los días en que vivimos podría suceder que si Pablo se parara en uno de los púlpitos de nuestras iglesias a dar su testimonio y dijera, mis queridos hermanos, yo tengo esta aflicción y yo sé que es un mensajero de satanás, pero Dios me dijo que no me preocupara que él está al tanto de lo que me está sucediendo y lo va a usar para bendecirme a mí y a otros. Yo estoy segura que algunos dirían, yo creo que Pablo está endemoniado, es imposible que Dios le haiga dicho tal cosa.

Es muy triste ver como algunos de nuestros líderes y hermanos en Cristo al no tener un buen conocimiento de la palabra de Dios, de su misericordia y el conocimiento de los descubrimientos de la ciencia; llaman a lo que no entienden, cosas de demonios. La palabra de Dios nos provee una prueba muy sencilla para descubrir si una persona está endemoniada. Y esto se encuentra en 1 Corintios 12:3 "Por tanto, os hago saber que nadie que hable por el Espíritu de Dios llama anatema (maldito) a Jesús; y nadie puede llamar a Jesús Señor, sino por el Espíritu Santo. En 1 de Juan 4:1-6 Juan nos exhorta a probar los espíritus para ver si son de Dios. Y nos dice que todo espíritu que confiesa que Jesucristo es venido en carne es de Dios.

Hace unos años estuve pasando por una depresión

y algunas personas a mi alrededor con sus comentarios me daban a entender que pensaban que yo estaba endemoniada o bajo un ataque de influencia demoniaca. Yo continuaba ayunando, orando, asistiendo a la iglesia y adorando a Dios, tal vez no con mucho ánimo debido a la enfermedad, pero si me hubiesen hecho la prueba de 1 Corintios 12:3 y hubiesen probado mi espíritu se hubiesen dado cuenta de que el Espíritu Santo de Dios estaba fluyendo en mí. Dios me libre de cometer este mismo error cuando alguno de mis hermanos esté pasando por una enfermedad o estén desanimados.

El apóstol Pablo no nos quiso decir cuál era su aguijón, quizás le daba vergüenza, pero yo voy a ser bien clara y sincera contigo, y sin temor te lo diré; yo he estado batallando con problemas de depresión y cambios de ánimo inestables desde hace mucho tiempo. Los doctores y yo observamos que cosas que me dan tensión lo provocan, en realidad es más complicado. Yo tenía catorce años la primera vez que intente suicidarme. Sinceramente no me da vergüenza decirlo, ni me pongo triste, todo lo contrario le doy gracias a Dios por escogerme para esta misión de ensenarle al mundo que él puede usar a quien él quiera para su gloria.

Los psiquiatras me han diagnosticado con dos enfermedades mentales, el Desorden Bipolar y TDA (Trastorno por déficit de atención) y eso no es todo, los resultados de un examen psicológico que me hicieron demostraron un nivel de inteligencia tan bajo que los doctores no se explican cómo es que nunca tome clases especiales y cómo pude graduarme de la universidad con honores. Tengo los resultados de esas pruebas y de vez en cuando lo saco de la maleta, lo leo y me sonrió. Eso es lo que está detrás de mi sonrisa, la gracia de Dios. Al igual que la mujer virtuosa de Proverbios 31, yo me rio de lo por venir.

Voy a compartir contigo parte de mi testimonio con el propósito de que Dios sea glorificado; cada día que pasa me preocupa menos lo que las personas piensen de mí. Yo he decidió vivir mi vida para agradar a Dios. Él es el único que sabe realmente quien yo soy y conoce mis pensamientos. Gracias a Dios estoy aún viva y viviendo una vida en abundancia. Si tú lees mi autobiografía y buscas mi nombre en la internet, talvez se te haga un poco difícil creer que soy la misma persona que está dando este testimonio. A Dios sea la Gloria.

Yo diría que en mi vida he tenido más de mil pensamientos de deseos de quitarme la vida. He intentado quitarme la vida en tres ocasiones, a los catorce tomando clorox, a los veintiuno tomando píldoras y a los veintiséis mientras manejaba y es por la misericordia de Dios que no soy una alcohólica. A principios de los años ochenta, mientras estaba en el ejército tome una muy mala costumbre. Yo compraba varias botellas de vino, las ponía en una neverita al lado de mi cama y me lo tomaba como si fuera Kool-

Aid. Años más tarde entendí que lo hacía para dormirme y no tener que pensar, todo el que abusa el alcohol está suicidándose lentamente.

Estuve recluida en hospitales que ayudan a enfermos mentales a estabilizarse, en tres diferentes ocasiones. La última vez que estuve hospitalizada fue en el 1994. Te estoy diciendo todo esto para que si no sabías empieces a entender de las maravillas de Dios, de su poder, de su gloria, de lo que está haciendo en mí. Yo le doy a él todo el crédito por permitirme ahora poder vivir una vida contenta y en paz. A pesar de todo puedo decir que estoy bendecida aunque no siempre fue así. En el 1994, en dos diferentes ocasiones estuve a punto de terminar con mi vida y la de mis hijos al no saber cómo manejar y hacerle frente a las tensiones diarias. Para este tiempo aun no me habían diagnosticado con estas enfermedades mentales/cerebrales aunque ya yo sabía que algo no estaba bien conmigo.

Antes de nacer mis hijos, la vida no me importaba mucho. Al nacer mis hijos, mi vida empezó a tomar importancia debido a ellos. Cuando llegaban esos momentos difíciles que deseaba suicidarme un pensamiento dentro de mí me calmaba, me decía, si te matas se van a quedar solos en el mundo y van a sufrir tanto o más de lo que tu sufriste de niña. Ese pensamiento me hacía volver a la realidad, pero en junio del 1994, mientras vivía en la Florida con mis dos niños, la tensión del trabajo, y todas las demás responsabilidades de una madre soltera me estaban agobiando. Empecé a sentir el deseo de suicidarme, entonces escuche un pensamiento que nunca antes había escuchado, y me decía, matate y llévate a los nenes contigo, ellos son unos angelitos y si los matas ellos van para el cielo y tú vas a descansar para siempre.

Sinceramente, sentí un alivio al escuchar ese pensamiento pues me sentía muy cansada y me dije "por fin voy a poder irme de este mundo". Yo estaba sola, ya eran más de las 11:00 PM y mis hijos estaban durmiendo. Yo comencé a hacer planes en mi mente de cómo lo iba hacer, en 2 Corintios 10:5 el apóstol Pablo nos aconseja que "llevemos cautivo todo pensamiento a la obediencia de Cristo". En el 1994 yo no conocía este verso. Yo buscaba de Dios, pero no leía la biblia, me reunía con los testigos de Jehovah, gente buena pero que aún no han entendido el gran poder del Espíritu Santo.

Yo continuaba con ese pensamiento maligno y sentía como una batalla fuerte de pensamientos dentro de mí, entendía que el pensamiento era incorrecto pero no podía pararlo. Yo estaba en el baño de mi casa y acababa de sacar mis medicamentos del botiquín para dárselos a mis hijos y ponerlos en un estado inconsciente para que no sintieran nada.

Vi mi rostro en el espejo y con lágrimas corriendo por mis mejillas grite, "Jehová Ayúdame"!!!

Inmediatamente vino un pensamiento, era como si alguien dentro de mí me estuviese hablando, y escuche cuando esa voz suave pero con autoridad me dijo: "NO TE VAS A MATAR. TIENES QUE HABLARLES DE MI NOMBRE" y al instante sentí una paz que nunca antes había sentido, todo se calmó. Yo estaba bien sorprendida de lo que acababa de pasar, guarde los medicamentos y me fui a dormir.

En la mañana siguiente me levante, lleve a los niños a la escuela y me fui a trabajar. No le dije nada a nadie, pues en realidad no tenía a nadie con quien hablar de algo tan serio. Pasaron las semanas y empezó otro estado de ánimo depresivo. Me empecé a preocupar, pues yo ya sabía que ese pensamiento de matarme a mí y a mis hijos para yo poder encontrar el descanso que deseaba era incorrecto y podía regresar.

El 24 de agosto del 1994 debido al miedo que tenía de que le iba a hacer daño a mis hijos, llame a mi segundo ex esposo que vivía en Alabama y le dije que necesitaba su ayuda. Yo compre tickets para el (autobús) y viaje con mis niños desde Florida a Alabama. Tan pronto vi a mi ex esposo con los ojos rojos, me dije "loca, qué haces aquí? este hombre está borracho como siempre".

Esa noche me quede en un hotel en la ciudad de Huntsville, sola con los niños y empecé a pensar "cómo te atreves a volver a poner a estos niños alrededor de este hombre". Me sentía como la peor madre del mundo, y en la desesperación volvió ese pensamiento maligno aconsejándome que me suicidara y me llevara a mis hijos conmigo.

Empecé a llorar y al ver mi cara en el espejo grité con desesperación "Jehová Ayúdame"! y una vez más escuche esa voz dentro de mí que me decía suavemente pero con autoridad, "NO TE VAS A MATAR. TIENES QUE HABLARLES DE MI NOMBRE" sentí paz, calma, claridad y la misma voz dentro de mí me daba instrucciones. Me dijo "acuéstate a dormir y en la mañana llama a un taxi y vete a la clínica, dile que los niños están en peligro contigo y que llamen a su papá". Así lo hice, el departamento de protección de niños se los llevó a su papá y yo fui hospitalizada una vez más en el hospital para enfermos mentales.

La palabra de Dios dice que, "el ángel de Jehová acampa alrededor de los que le temen y los defiende" Salmos 34:7. En ese tiempo yo me congregaba con los testigos de Jehová y tenía temor santo por lo que yo hasta ese momento entendía de Dios. Yo no entendía del poder que los seres humanos obtenemos cuando leemos la biblia y obedecemos los mandatos de Dios; no entendía que el Espíritu Santo es nuestro ayudador pero Dios me ha mantenido viva para que te de mi testimonio y tú lo entiendas. El que conoce de la palabra de Dios tiene la responsabilidad de dar su testimonio, de dejarle ver a otros como Dios permite las tragedias para luego glorificarse; nuestros testimonios son para ayudar a otros a que se inspiren y se decidan a tener una relación íntima con Dios y para ayudarlos aumentar su fe.

Liberación

Dios se acordó del oprimido y vino al mundo para liberarlo. Jesucristo vino a complementar la promesa de Dios de rescatar al hombre del yugo de satanás y vino a deshacer las obras del diablo. Mientras los planes del enemigo son el destruirnos, Jesús nos da vida y nos la da en abundancia. Recuerda Jesús vino a este mundo para darnos libertad y si lo aceptamos seremos verdaderamente libre.

Yo tuve esta experiencia en Mayo 7, del 2000, hacían cinco meses que me había reconciliado con Dios. Mis pastores me dieron la oportunidad de dar un testimonio, subí al púlpito y comencé a compartir con la congregación sobre mis experiencias con el Señor desde mi reconciliación; cuando termine de dar el testimonio y empecé a caminar para bajar del púlpito comencé a ver todo como en cámara lenta.

Mi pastora y una evangelista que nos estaba visitando se pusieron de pie, una de ella estaba sentada en el lado norte de la iglesia y la otra en el lado sur; todo ocurrió como en cámara lenta, mientras yo bajaba del púlpito y ellas empezaron a caminar hacia mí, cuando nos encontramos yo describiría lo que me pasó como si hubiese sido una explosión espiritual.

Ellas empezaron a orar por mí y yo caí al piso, debo aclarar que yo nunca antes me había caído en una iglesia y sinceramente no apoyaba ese comportamiento; mientras estaba en el suelo empecé a notar que yo estaba hablando otro lenguaje, me tomo un tiempo para entender lo que había sucedido. Yo había recibido el bautismo del Espíritu Santo, sinceramente no sabía todo lo que eso significaba. Esta es mi experiencia la cual es algo sobrenatural y similar a la que han tenido otras personas que conozco. En la biblia, en el libro de los hechos capitulo dos se hace mención de una situación un poco parecida a la que te acabo de describir.

Llegó el verano del 2000 y mis hijos se fueron con su papa de vacaciones por todas esas semanas y yo me quede sola, con hambre y deseos de entender más las cosas de Dios. Yo comencé a ayunar, a leer la biblia, y libros cristianos; por la gracia de Dios me encontré con los libros de Neil Anderson fundador del Ministerio Libertad en Cristo (Freedom in Christ Ministry). Estudie dos de sus libros: Rompiendo Las Cadenas y Victoria sobre la Oscuridad, estos libros están llenos de versos de la palabra de Dios que fortalecen el alma. Les recomiendo con urgencia que si no lo ha hecho ya, estudie los 12 pasos hacia la libertad en Cristo del Dr. Pastor Neil Anderson.[1]

En diferentes ocasiones tuve unas experiencias fuertes a nivel de lo sobrenatural mientras estaba entre dormida y despierta; pude sentir y ver espíritus malignos, en una situación en particular pude ver uno que entendí había estado conmigo toda mi vida y me insinuaba que lo dejara regresar, yo sentía su tristeza pero no le permití que regresara.

Le doy las gracias a Dios pues estoy segura de que soy libre y no vive en mí ningún espíritu maligno. Pues nadie puede creer y llamar a Jesús su Señor y Salvador si tiene demonios en él. No puede morar dentro de un mismo cuerpo el Espíritu Santo y espíritus malignos. La pelea con esta carne no ha terminado, es todo parte de un proceso. Mientras me mantenga buscando a Dios en espíritu y verdad podré vencer los deseos de la carne. Yo continuaré el resto de mi vida cultivando el fruto del Espíritu Santo y tratando de vivir una vida en Santidad, pues sin santidad nadie verá al Señor (Hebreos 12:14).

Restauración En Proceso

La Restauración es volver a poner algo en el estado primitivo.

Si te recuerdas, en el primer capítulo te decía que lo que somos es un espíritu que vive en un cuerpo físico. Y te dije mi teoría basada con lo que dice la biblia. Vivíamos con Dios en el cielo, él nos mandó a la tierra para hacer su voluntad, para seguir sus planes y propósitos; pero al salir del cuerpo de nuestras madres el enemigo quien de acuerdo a la biblia es el príncipe de este mundo contaminado de pecados, causa que el espíritu olvide los planes y propósitos de Dios.

Nuestro Dios y Padre Celestial, nuestro Creador y Rey de este mundo, si se lo permitimos restaura nuestro espíritu. La restauración es un proceso. El apóstol Pablo nos dice: "Estoy convencido de esto: el que comenzó tan buena obra en ustedes la continuará perfeccionando hasta el día de Cristo Jesús". Filipenses 1:6.

4

AHORA ENTIENDO

Es La Unción

Yo no recuerdo la fecha pero pienso que le di mi vida a Cristo antes de cumplir los nueve años. Mi razón de pensar así es que cuando yo vivía en Puerto Rico con uno de mis parientes asistía a la iglesia por lo menos tres veces a la semana, recuerdo que yo tocaba la pandereta, cierro los ojos y me veo cerca del púlpito adorando a Dios. A la edad de quince años regrese a la República Dominicana para arreglar mis papeles de inmigración; para ese tiempo mi papá ya era Pastor, me acuerdo que en un día muy hermoso fuimos a un río con los demás hermanos y mi papa me bautizo.

Lo que quiero decir es esto, el Espíritu Santo de Dios ha estado conmigo por la mayor parte de mi vida, tristemente yo empecé a verdaderamente entender esto y a valorarlo hacen solo unos años.

Jesús dijo "pero el consolador el Espíritu Santo a quien el padre enviará en mi nombre les enseñará todas las cosas y les hará recordar todo lo que les he dicho" Juan 14:16. Yo lo entiendo así, en aquellas ocasiones cuando yo trate de suicidarme el Espíritu Santo le recordaba a mi espíritu quien yo era, cuál era mi propósito, y los planes de Dios para mí en la tierra.

La Misión

Dios usa lo que nos avergüenza para traer libertad a otros

Esta cita bíblica es poderosa. El Espíritu del Señor está sobre mí, por cuanto me ha ungido para dar buenas nuevas a los pobres. Me ha enviado a sanar a los quebrantados de corazón; a pregonar libertad a los cautivos, y vista a los ciegos; a poner en libertad a los oprimidos, a predicar el año agradable del Señor". Lucas 4:18-19

La biblia dice que el Espíritu de Dios que levantó a Jesús de los muertos es el mismo espíritu que vive dentro de todo aquel que ha aceptado que Jesús es su Señor y Salvador. Cuando verdaderamente creemos y entendemos esta verdad nuestra vida cambia y entendemos que no vivimos para nosotros mismos, vivimos para hacer la voluntad de nuestro Dios Padre, Creador y Salvador.

En el nuevo testamento Jesús nos ordena a ir y hablar de las grandezas de Dios con todas las personas, y dice que todo el que crea será salvo y el que no crea será condenado. Esto es lo que dice la palabra de Dios y los que creemos en la palabra de Dios, tenemos que tomarlo muy en serio (leer Mateo 28:18-30). Que satisfacción es el saber que Dios le da una misión a nuestro espíritu y al mismo tiempo le da todo los que necesita para cumplir esta misión. Sin no sabes cual es o son los dones que Dios te ha dado es difícil saber tu lugar en el cuerpo de Cristo y la voluntad de Dios para ti.1

Regalos (dones)

A todos nos gustan los regalos y muchos de nosotros nos olvidamos de que es Dios quien nos ha dado el ejemplo de regalar. Me llega a la mente este coro: Oh que regalo precioso Cristo me dio, llenó mi alma de gozo y me salvó, ahora puedo cantar en alta voz y puedo testificar que él me salvó.

Hay muchas enseñanzas sobre los dones, donde se nos explica que son una ayuda para hacer la voluntad de Dios y cumplir nuestra asignación, nuestra misión en esta tierra y por esta razón voy a ser breve al mencionarlos.

Regalos: Dones de Manifestación, (Evidencia) 1 Corintios 12

1. Palabra de Sabiduría

2. Palabra de Conocimiento

3. Fe

4. Dones de Sanidad

5. Hacer Milagros

6. Profecía

7. Discernimiento de Espíritu

8. Diversas lenguas

9. Interpretación de Lenguas

Los Dones Motivacionales: Romanos 12

1. Don de Percepción (Profecía, percibir claramente la voluntad de Dios)

2. De servicio

3. De enseñanza

4. De exhortación (Motivar y animar a las personas a vivir una vida en Cristo victoriosa)

5. Don de dar

6. Don de Administrar

7. Don de Compasión (Misericordia)

Los Dones Ministeriales: Efesios 4

1. El Apóstol

2. El Profeta

3. El Evangelista

4. El Pastor

5. El Maestro

Lo que deseo es recordarte que los dones son regalos de Dios que nos ayudan a servir y bendecir a otro ser humano. Dios me ha dado unos cuantos de sus regalos; uno de ellos es el llamado a evangelizar. Mi pastora es testigo de lo fácil que se me hace hablar con las personas de las maravillas de Dios y traerlas a la iglesia. En ocasiones no he tenido que hablar mucho para que las personas sientan el deseo de buscar de Dios. Me da mucho gozo cuando veo hermanos permaneciendo firmes en Cristo y me acuerdo o ellos me recuerdan que Dios me uso a mí para alcanzarlos a ellos. La Gloria y la honra es para Dios. Les pido que me mantengan en sus oraciones para que me pueda mantener enfocada en llevar el evangelio de nuestro Señor y Salvador

Esta es una breve introducción de lo que es un evangelista

El evangelista es un regalo que Dios le ha dado a la iglesia para conferir poder y movilizar su misión de anunciar las buenas noticias de Jesucristo.2

Estas son algunas de las características del evangelista:

1. Les gusta viajar, a mí no solo me encanta viajar sino que he soñado en varias ocasiones que estoy en sitios que no conozco y preguntó ¿dónde estoy? en uno de estos sueños me dijeron Nueva Zelandia y en otro Finlandia. He soñado estar volando (sin alas) por encima del planeta tierra y he viajado volando desde mi casa hasta la República Dominicana. Estos sueños son tan reales para mí que están anotados en mis diarios.

2. Entienden de las necesidades de la gente; no solo de lo material, pero aún más importante el que Jesús cambie sus vidas.

3. Tienen el fuego del Espíritu Santo.

4. Siente compasión por las almas perdidas.

5. Encamina a la gente a la luz de transparencia delante de Dios para vivir en santidad.

6. El evangelista tiene pasión pues para él o ella

esta es una condición del corazón.

7. Un evangelista y misionero es el que está dispuesto a darlo todo, incluso su vida por el evangelio de Cristo. Pienso que por eso decidí publicar este libro. Después de escribirlo paso por mi mente el no publicarlo para mantener mi secreto.

Cuando pensamos en un evangelista usualmente nos llega a la mente el predicador invitado que viaja de país a país y va a diferentes iglesias. Nos olvidamos de estos otras funciones del evangelista:

1. Evangelismo Personal

2. Ministerio de folletos

3. Ministerio de Películas

4. Ministerio de la calle

5. Ministerio al aire libre en carpas o en salones

6. Radio y Televisión

7. El internet

8. Misionero

Dios Glorificado

La razón principal de yo haber escrito este libro es para glorificar a mi Dios, al dejarte ver lo que él está haciendo en mí. Yo estoy muy agradecida de mi Dios y creador, mi Padre celestial, mi Cristo y quiero que todo el mundo lo sepa. Si el Espíritu Santo no me estuviera hablando y guiando cada día de mi vida es muy posible que yo estaría en un manicomio, en una prisión o andando por las calles sin esperanza.

Después de todo lo que me ha sucedido en la vida solo me queda el Glorificar a Dios por sus grandezas y bendiciones. Mi vida no ha sido fácil. Jesús dijo "Estas cosas os he hablado para que en mi tengáis paz. En el mundo tendréis aflicción, pero confiad, yo he vencido al mundo". Gracias por todo Padre celestial yo te adoro y te glorifico.

Debemos recordar que el glorificar a Dios es mucho más que decir aleluya o el alzar las manos cuando cantamos; glorificar a Dios significa señalar sus maravillosas cualidades y hacerlo atractivo para que otras personas acudan a Él.

Cuando creemos en Dios lo Glorificamos. Romanos 1:21

Haciendo buenas obras. Mateo 5:16

Dando Mucho Fruto. Juan 15:8

Llevando una vida pura. 1 Corintios 6:19-20

Presentando la palabra de Dios. 1 Pedro 4:11

Padeciendo por Cristo. 1 Pedro 4:5-6

5

LO QUE HIZO EN MÍ

Calma, Yo Estoy Aquí

Cuando miro atrás y me pongo a reflexionar sobre todo lo que ha sucedido en mi vida solo puedo decir, gracias mi Dios por estar conmigo. Los que conocemos un poco de la palabra de Dios sabemos que todo lo que está haciendo en esta tierra es a través del Espíritu Santo. Él estaba cerca de mí cuando nací y cuando vivía con mi mamá a quien yo recuerdo enferma postrada en una cama y yo al lado de ella y sé que a mi lado estaba otra persona, el Espíritu Santo de Dios.

Cuando mi madre murió, yo tenía siete años, me enviaron a Puerto Rico, tuve que dejar atrás todo lo que conocía y Él estaba conmigo, cuando comenzó, continuó y terminó el abuso físico, mental, y sexual posiblemente lloraba mientras lo miraba todo, pero estaba conmigo. Cuando aquel hombre en quien yo confié, me engaño, y yo le gritaba que no, y él ignoraba mi súplica y me violaba el Espíritu Santo estaba presente. En cada uno de las ocasiones que intente suicidarme, el Espíritu Santo que es una persona estaba presente. Él está en todas partes pero no siempre se manifiesta. Es tan poderoso cuando entendemos que nuestro dolor les traerá vida y paz a otros. Jesús, es nuestro mejor ejemplo. El murió para darnos vida en abundancia y paz.

Tal vez pienses que me equivoque al decir persona al referirme al Espíritu Santo, pero no me equivoque. La palabra de Dios nos enseña que el Espíritu Santo tiene intelecto, emociones y voluntad, lo cual son características de una persona. Estas son solo algunas de las citas bíblicas que lo prueban; 1 corintios 2: 10-11, Efesios 4:30, Hechos 10: 19-20.

Y si te preguntas por qué no hizo nada para defenderme en esos momentos yo te diré lo que pienso, quizás Dios lo permitió para demostrar que el Dios de José, de María Magdalena, de la mujer del flujo de sangre y de muchos otros, todavía hace milagros.

Para mostrarnos que aunque el pecado en esta humanidad ha aumentado, la gracia de Dios sobreabunda. Para que tu fe aumente y para que hagas oración de intercesión por los niños, las madres solteras, los enfermos del cuerpo y del espíritu, y para que entiendas que eres un espíritu y no debes temer a lo que le suceda a tu cuerpo. Jesús dijo que en la vida, en este mundo, tendremos aflicciones, pero el ya venció al mundo. Juan 16:33. No seas parte de este mundo de maldad, ven a Cristo; nunca olvides que si Jesucristo es tu Señor y Salvador al terminar tu misión en esta vida corta, te esperan otros regalos.

Aprendiendo a Amar

Cuando yo pensaba escribir este libro le decía al Espíritu Santo "Por favor ayúdame a escribir este libro" Y en mi opinión, el así lo hizo; también le dije por favor no permitas que se me olvide que este libro es para Glorificarlo a ti. Gracias a Dios por proveer todo lo necesario para que la visión de escribir este libro sea ahora una realidad

La palabra de Dios dice lo siguiente en Corintios 13; si yo no tengo amor soy como un metal que resuena o un platillo que hace ruido. Este capítulo dice muchas cosas sobre lo que es y no es amor; el verdadero amor no guarda rencor. Yo estoy aprendiendo amar, es parte del proceso. Todos hemos sido lastimados de una manera u otra, y como dije antes, la necesidad más grande que tenemos es de que alguien nos ame y que nosotros podamos amar.

La buena noticia es que el hijo de Dios vino a este mundo porque nos ama. Y porque quiere sanar nuestras heridas y capacitarnos para convertirnos en personas segura, con visión y esperanza; para que caminemos llevando las buenas nuevas a otros y que no estemos concentradas en sí misma. La felicidad se encuentra en servir a los demás y esto es amar. Cristo vino para enseñarnos que quitemos los ojos de nosotros. Gracias a Dios por el consuelo que hemos recibido en Cristo, ahora vayamos y consolemos a los demás.1

Favorecida

Como se le llama a una persona que debería estar en un manicomio, prisión, o en el infierno pero por la gracia de Dios es un ministro que ensena la palabra de Dios, evangelista, autor, capellán de comunidad y cárcel, una empresaria/emprendedora, una que sus hijos aman y que por la gracia de Dios se mantiene de pies sirviendo a otros. Yo le llamo Favorecida!

En papel, los resultados de exámenes psicológicos y psiquiátricos describen a una persona trastornada, con retraso mental e incapacitado para aprender. Y aunque algunos de ustedes estén de acuerdo con esos resultados (sonríe que Cristo te ama), mi presente y mi futuro están llenos de victorias. Yo pude terminar la universidad, tengo un Asociado y un Bachillerato (cuatro años universitarios) y parte de una Maestría (estudios post graduados). Ocho años en el ejército de los Estados Unidos (enlistada, y luego un oficial) además fui empleada del gobierno Federal, y local. Solamente "una loca" cubierta con la sangre de Cristo y guiada por el Espíritu Santo puede obtener tantos logros.

Siguiendo lo que dice la biblia de dar por gracia lo que por gracia has recibido, el 25 de septiembre de 2007, funde el ministerio Huntsville International Help Center (Centro de Ayuda Internacional de Huntsville) con el propósito principal de abogar, ayudar, educar, informar, referir a los nuevos inmigrantes y Puertorriqueños que llegan por primera vez a esta ciudad. Administro el grupo de Facebook, Hispanos de Alabama sirviendo, Informando y Educando con más de 2000 miembros.

Dios me dio la oportunidad de ayudar a producir el documental "La Segunda Nevera".

Como defensora de los derechos de los inmigrantes he sido entrevistada en diferentes medios de comunicación a nivel local e internacional. Gracias a la tecnología me han visto y escuchado en Australia, Nueva Zelanda, Francia y otros países. Dios me ha conectado con mi hermana en Cristo Claudia Santiago quien vive en Canadá y es quien me está ayudo con la publicacion de este libro con su compañía VPGI Enterprises. En el presente estoy muy feliz pues se me han cumplido dos más de mis deseos. El llevar personas de los Estados Unidos a la Republica Dominicana con el propósito de que haya un intercambio de conocimientos y una conexión para ambos y avanzar en el reino de Dios. El otro y que me llena de mucho gozo fue el poder visitar un Orfanato en la Republica Dominicana hacen unas semanas, si es parte de la voluntad de Dios me permitirá el servir a esos niños.

Yo sufrí mucho cuando perdí la custodia de mis hijos en el 1994 por casi un año. Yo no te puedo explicar mi dolor ni la desolación en que me encontré durante esos meses pero si te puedo decir que aprendí a amarlos más, sufrí y sobreviví, pude criarlos en los caminos de Dios. Yo les explique a ellos que debido a ese milagro tan grande de poderlos tener una vez más conmigo y debido a lo bueno que Dios es conmigo; Dios es primero en mi vida, antes que ellos. Le pido a Dios continúe ayudando y bendiciendo a mis hijos, y que ellos también lo ponga a él por encima de todas las cosas.

Mi vida comenzó en Santo Domingo, República Dominicana, con una madre soltera y muy enferma, el cólera no me mato, estuve presente durante la guerra civil y no morí, viví en Guachupitas, y los Guandulitos, barriadas muy pobres, y con alto nivel de criminalidad y ahora estoy aquí. Yo he obtenido muchos logros. Dios es Bueno!! Y si lo hizo por mí, lo puede hacer por ti, sigue luchando y ten fe.

Yo soy testigo del poder de Dios pues muchos milagros Él ha hecho en mí, nunca me ha fallado y siempre ha estado conmigo. Todo esto tenía que pasar para su Gloria. Si no pierdo el enfoque, mi nombre continuará en el libro de la vida y terminaré en los Palacios Celestiales.

6

DE REGRESO AL PADRE

Lo Más Importante

En el primer capítulo empecé recordándote que cada uno de nosotros somos un espíritu que el Padre Celestial envió a la tierra con una misión. La misión amplia es el Amar a Dios primero, por encima de todo y todos y el amar a los otros seres humanos como nos amamos a nosotros mismo. No podemos cumplir estos mandatos si no entendemos lo que somos y si no nos amamos a nosotros mismo.

La mayor parte de la humanidad sigue perdida en el laberinto espiritual y la única forma de salir de ahí es dándole a Dios el lugar que él se merece como ser supremo. Dios tiene que estar en el primer lugar y cuando hacemos eso, el Espíritu Santo en nosotros fluye en nuestras vidas y nos guía a toda verdad, nos enseña todas las cosas que habían estado ocultas a nuestro espíritu. Todo en mi vida ha sido parte de su propósito.

En cuatro años más y si Dios me lo permite cumpliré mis sesenta años y te diré que soy más feliz ahora que cuando estaba en mis veintes. Es mi deseo que cuando regrese a la presencia de Dios haya cumplido mi asignación; pues de que le sirve a al ser humano obtener todas las cosas que desea de este mundo si al final pierde su alma, por favor lee Marcos 8:36.

Escuchar, Buen Siervo!!

Su Señor le dijo "bien, buen siervo y fiel, sobre poco has sido fiel, sobre mucho te pondré, entra en el gozo de tu Señor". Mateo 25:23

Todo es para su gloria. Hoy es el tiempo de acércanos a Dios y hacer su voluntad. Hoy es tu tiempo de Avanzar en el camino que te llevara a la vida eterna.

La Fe en Dios (El Espíritu Santo)

Otra de mis razones por la cual escribí este libro es para dejar un legado espiritual para mis hijos, sus descendientes y cada persona que tenga la oportunidad de leerlo. El mensaje es este: tú no estás solo, Dios tu creador estará contigo siempre si se lo permites, el Espíritu Santo esta siempre esperando que lo llames para ayudarte. Cuando leemos en el salmo 91, que el que habita bajo el abrigo del Altísimo morará bajo la sombra del Omnipotente, nos está queriendo decir que el Espíritu Santo de Dios está siempre con nosotros. Yo no hubiese podido escribir este libro sin la ayuda de Él.

Jesús dijo: "Yo soy el camino y la verdad y la vida, nadie viene al Padre si no es por mí" Juan 14:16. Y en ningún otro hay salvación, porque no hay otro nombre bajo el cielo dado a los hombres en que podamos ser salvos. Hechos 4:12

En aquellas dos ocasiones en el 1994, esa voz interna (pensamiento) que me hablo con autoridad y me dijo "NO TE VAS A MATAR, TIENES QUE HABLARLES DE MI NOMBRE" Fue el Espíritu Santo. Y necesito que entiendas en este día que Jehová, Jesús y El Espíritu Santo son tres en uno, un buen estudio de la biblia lo comprobara.

El nombre de Jesús significa "Jehová salva". Y Jehová es el nombre sagrado que se usa en la biblia en el viejo testamento cuando menciona a Dios, es el Yo Soy. Te recomiendo que busque la información que tienen los hebreos sobre el nombre Jehová, pero por ahora, compartiré contigo la cita bíblica que Dios me dio para que yo lo entendiera que Jesús y Jehová son el mismo.

Un día que le pedí a Dios que me aclarara este asunto de que otros dicen que Jehová y Jesús no son el mismo, me encontré con esta cita bíblica que está en Isaías capítulo 53, cuando esto fue escrito aún no había llegado Jesús el Mesías. Yo entendí que Jehová reveló en estos versos que él es Jesús. Aquí solo mencionaré dos versículos 6 y 7 pero te recomiendo que leas todo el capítulo, y dice así. Todo nosotros nos descarriamos como ovejas, cada cual se apartó por su camino; mas Jehová cargó en él el pecado de todos nosotros. Angustiado él y afligido, no abrió su boca; como cordero fue llevado al matadero; y como oveja delante de sus trasquiladores, enmudeció y no abrió su boca (Reina Valera 1960).

En el libro de Santiago 5:15 Podemos leer que la oración de Fe restaura al enfermo, y el Señor lo levantará, y si ha cometido pecados le serán perdonados. Si tú nunca le has dicho a Jesús, que verdaderamente crees en el con todo el corazón y que quieres que sea tu Salvador y Señor o si lo dijiste y te has apartado de su camino, hazlo en este momento diciendo en voz alta esta oración de fe. El diablo y los espíritus que lo siguen no pueden leer tu mente pero pueden escuchar lo que dices. Déjale saber que el Señor y Salvador de tu vida es Jesús y que quieres vivir solo para hacer la voluntad de Dios Jehová, nuestro creador.

"Padre Santo que estás en los cielos, vengo delante de ti reconociendo que eres el único y verdadero Dios.

Con humildad te confieso que soy un pecador(a). He vivido en una forma que no te agrada y que me ha alejado de ti. Ya no quiero vivir enredado(a) en mentiras, odios, decepciones, y en inmoralidad. Quiero vivir para ti Señor. Por esta razón te pido perdón y me arrepiento de todos mis pecados. Entiendo que tu amor por mí es tan grande, que diste a tu único hijo Jesús, para que muriera en una cruz por mis pecados. Acepto a Jesús en mi corazón como mi Señor y Salvador. Rechazo a satanás y a su mundo de tinieblas. Entrego mi vida a Jesús para que la limpie y la restaure. Por favor envía a tu Espíritu Santo para que fortalezca mi fe y me guíe cada día. Estoy agradecida(o) de que eres un Dios que da segundas oportunidades. Hoy me alegro porque mi vida está llena de luz y de esperanza. Gracias por anotar mi nombre en tu libro de la vida. En el nombre de Jesús, Amén."

— Tomado de cristianos about.com

Muchas Felicidades en tu decisión! Pídele a Dios de todo corazón que te ayude a conectarte con otros miembros de tu familia espiritual (Iglesia) que están buscando de Dios con todo su corazón. Le pido a Dios Que nada ni nadie impida tu caminar con Jesús, que sientas la presencia del Espíritu Santo en tu vida en todo tiempo y que descubras el plan de Dios para tu vida. Te amo con el amor de Cristo Jesús en mí y es mi deseo que Dios te continúe bendiciendo.

7

TÚ PUEDES AYUDAR

En mi opinión no tiene sentido el que yo escriba este libro y no te provea información de cómo tu puedes ayudarte a ti mismo o a otra persona que se encuentre en un estado de angustia, con deseos de suicidarse o que ya tenga una "enfermedad mental" diagnosticada. Lo más importante es el actuar como el buen samaritano, (leer Lucas capítulo 10).

Tu puedes ayudar teniendo misericordia, esta envuelve la compasión la empatía y todo el amor de Jesucristo en nosotros. Vamos a ponerme a mí como ejemplo, ahora que sabes todas estas cosas sobre mi vida no los debes de usar para criticar u opinar si no para glorificar a Dios por ayudarme a mantenerme viva. Se han hechos estudios que muestran que 50% de las personas diagnosticadas con la enfermedad Bipolar tratan de suicidarse, y muchos lo logran. También se dice que tenemos una alteración en nuestro mecanismo cerebral de la regulación del ánimo. El trastorno por déficit de atención (TDA) es una condición que dificulta el aprendizaje. Se ha comprobado que las personas con estas enfermedades del cerebro pueden vivir una vida "normal" si siguen su tratamiento, reciben apoyo de sus familiares y si son partes de una cultura y religión que los alienta, los anima y los ama.

En estos momentos estoy estudiando con Light University/AACC (American Association of Christian Counselors) para recibir mi certificación del programa de prevención del suicidio (Suicide PAIR). Es muy dificil ayudar bien a alguien si no entendemos bien su situación. Mi consejo a todo los líderes es que por favor saquen tiempo para aprender más sobre las enfermedades mentales/cerebrales esto podría hacer la diferencia entre la vida y la muerte de una persona bajo su cargo.

A todos los cristianos nos gustaría recibir la sanidad en un instante y algunos la han recibido pero no es así para la mayoría de nosotros. Todos queremos ir al cielo pero mientras estamos en la tierra tenemos que sobrevivir, si para alcanzar el vivir una vida de abundancia tengo que tomar un medicamento yo lo voy a tomar al igual que lo hace el diabético, el que tiene problemas del corazón, de lupus o artritis. La biblia no condena el tomar medicamentos recetados ni indica que la salvación se pierde por tomarlos. Qué bueno es nuestro Dios y salvador, provee paz en la tormenta, de una manera u otra.

Debido a mis experiencias yo recomiendo que las personas con estos trastornos del cerebro/mente busquen de la ayuda de un psiquiatra/consejero reconocido, cristiano, que haya estudiado psicología, neurología, y con años de experiencia. En los Estados unidos su consejero puede ser su pastor si está autorizado y si tienes las credenciales para dar consejerías.

Dios desea que vivamos una vida próspera y abundante. Si usted ha sido bautizado con el Espíritu Santo de Dios, su espíritu y su alma están siendo controlados por el Espíritu Santo. Siga orando por sanidad completa en su cuerpo, y mientras tanto recuerde; no es la voluntad de Dios que usted esté postrado en una cama con una depresión o que se suicide. Busque ayuda con los médicos y si tiene que tomar medicamentos tómelos, yo no te digo que te mantengas endrogado. Yo sé por experiencia que hay medicamentos que te ayudan a organizar tus pensamientos y te ayudan a poder entender la palabra de Dios. Recuerde si el medicamento trae mejoría, el problema es físico (el cerebro es un órgano) las medicinas son para el cuerpo.

Lithium, es un medicamento que ha sido muy beneficioso y efectivo para ayudar a mejorar y estabilizar el cerebro de las personas que tenemos el desorden bipolar, ayuda a estabilizar los cambios de humor y pensamientos suicidas que ocurren frecuentemente. Este medicamento se ha estado usando desde el siglo 19; lo que muchas personas no saben es que Lithium no es un narcótico, es un mineral (una sal). Que además de ayudar al cerebro tiene otros beneficios para la salud reduce los dolores de migraña y es un antinflamatorio.

Hay personas que no pueden dormir debido a las preocupaciones pero ese no es el caso de muchas de las personas que han recibido el diagnóstico del desorden bipolar. Nosotros no podemos dormir porque nuestro cerebro siempre está creando algo nuevo; Ideas, Ideas, Ideas. Algunas de las personas que me conocen se la pasan preguntándome y que es lo próximo que vas hacer. Las personas con diagnostico bipolar somos muy creativos en diferentes esferas. Este medicamento ayuda a las persona a tener una mejor calidad de vida. Al igual que el Lithium hay otros tipos de medicamentos que también reducen la estimulación en el cerebro de las personas que son afectados por el estado de ánimo de destrucción de si mismas.

Recuerde siempre que Dios es justo. Es una injusticia y falta de conocimiento cuando un hermano en la fe te dice que no te tomes un medicamento que te puede ayudar con tu enfermedad cerebral. Como es posible que los demás hermanos estén tomando medicamentos para mejorar su diabetes, la alta presión, el colesterol, la artritis, el lupus etc.; sin que se le acose pero al que toma medicamento se le trata como si esto fuese una razón para perder la salvación.

Un medicamento que le quite el pensamiento del deseo de suicidarse a una persona es una bendición de Dios, pues si usted se suicida, a mi entender, usted podría perder su alma; pues Dios nos da la vida, y él debe de ser quien la quite.

Mientras tu estas en la espera de que Dios te de la sanidad completa sin que tengas la necesidad de usar los medicamentos agárrate de estas palabras. "BÁSTATE MI GRACIA, PORQUE MI PODER SE PERFECCIONA EN LA DEBILIDAD".

Comportamiento suicida y como ayudar

El suicidio genera sentimientos de dolor, sufrimiento y pérdida incalculables para las personas, familias y comunidades de todo el país.

Señales de advertencia del suicidio

Si una persona que usted conoce exhibe uno o más de los siguientes comportamientos, es posible que esté pensando en cometer suicidio. No ignore estas señales de advertencia. Obtenga ayuda de inmediato.

- Hablar sobre querer morir o matarse

- Buscar una forma de matarse

- Hablar sobre sentimientos de desesperanza o no tener razones para vivir

- Hablar sobre sentimientos de estar atrapado o de dolor insoportable

- Hablar sobre sentirse una carga para los demás

- Incrementar el consumo de alcohol o drogas

- Actuar de forma ansiosa o agitada; exhibir un comportamiento errático

- Dormir demasiado o muy poco

- Abstraerse o sentirse aislado

- Demostrar furia o hablar sobre la búsqueda de venganza

- Exhibir cambios extremos de estado de ánimo

Pida ayuda

Si usted o alguien que conoce necesita ayuda, llame a la Línea Nacional de Prevención del Suicidio al 1.800.273 8255 Los trabajadores capacitados para lidiar con crisis están disponibles para hablar las 24 horas, los 7 días de la semana.

8

CONCLUSIÓN

En conclusión; cuando yo empecé a sentir el deseo de escribir este libro fue principalmente para compartir con otros mi testimonio

Mi querido lector, te estoy tan agradecida por darme la oportunidad de compartir contigo mi historia y expresarte mis ideas, sinceramente gracias. Estamos ya al final del libro, lo que muchos llaman la conclusión. Este libro: Detrás de Mi Sonrisa es la excepción, en realidad no termina ahora es que vamos a comenzar, es la responsabilidad tuya y mía de llevar el mensajes de ánimo como Romanos 8:28 (A los que aman a Dios…) y 2 Corintios 12:9 (Bástate Mi Gracia) a aquellos que necesitan escucharlo.

Nosotros vamos a pedirle a Dios que nos dé un corazón lleno de misericordia como la del buen samaritano que Jesús menciona en Lucas 10, para que podamos ver a los demás como el los ve. Le doy gracias a Dios por la tecnología de las redes sociales, ahora podemos continuar conectados. Detrás de mi sonrisa esta la gracia de un Dios que me ama y que no tiene límites. Al final de este libro veras solo unos pocos de los recursos disponibles para ayudarte a ti y para ayudar a otros.

En las próximas semanas podrás obtener más información para mantenerte al día, por favor visite mis sitios en internet donde encontraras recursos, videos, audios, eventos y mas:

www.DetrasDeMiSonrisa.com

www.MinisteriosSinLimites.com

www.RosaToussaintOrtiz.com

Detrás De Mi Sonrisa es el primer libro de Ministerios Sin Límites.

Este es tu tiempo de Avanzar! Dios te continúe bendiciendo!

Rosa Toussaint Ortiz

ESTADÍSTICAS

Estas estadísticas han sido tomadas de la American Foundation of Suicide Prevention

El suicidio es la causa #10 de muertes en América; cada 12.95 minutos se suicida una persona.

En América se estima que anualmente un millón de personas tratan de suicidarse y 40,000.00, lo logran.

El 90% de los que se suicidan habían sido diagnosticados con una o más enfermedad mental.

Por cada dos mujeres que se suicidan, cuatro hombres se suicidan. Las mujeres están tres veces más propensas al tratar de suicidarse que los hombres.

El suicidio es la segunda causa de muerte entre las edades de 10 a 24.

Es la quinta causa entre las edades de 45 a 59.

En los E.U. el costo relacionado con los suicidios es de 44 billones esto es debido a las pérdidas de trabajos, gastos médicos y otros.

El estado de Alabama tiene un nivel por encima de la nación en suicidios anuales.

NOTAS

Las citas bíblicas han sido tomada de Bible Gateway, y otras biblias, nueva Versión Internacional y la Reina Valera 1960:

https://www.biblegateway.com

1. Enviada

    1.1. Juan 19:30 (NVI), Internet Bible Gateway

    1.2. www.lenntech.es El cuerpo humano, elementos químicos

    1.3. Eventos traumáticos y los niños http://www.nlm.nih.gov/medlineplus/spanis h/ency/patientinstructions/000588.htm

    1.4. "Restavek" Los pequeños esclavos de Haití. http://www.bbc.co.uk/mundo/noticias/2013 /10/131016_sociedad_indice_haiti_esclavitud_ moderna_informe_ch

    1.5. Rick Warren http://protestantedigital.com/sociedad/30836 /Rick_Warren_invita_a_la_iglesia_a_afrontar_l a_enfermedad_mental

2. Mis Experiencias

   2.1. http://www.centraldesermones.com/estudios
   -biblicos/3136-el-rechazo-emocional

   2.2. Pastor Armando Alducin, Sanidad interior in
   YouTube

3. Bástate mi Gracia

   3.1. Neil Anderson el fundador del Ministerio
   Libertad en Cristo (Freedom in Christ
   Ministry).

4. Ahora Entiendo

   4.1. http://dones.indubiblia.org/las-tres-
   categorías-de-done

   4.2. http://www.sermondominical.com/manual5.
   htm2. Evangelista

5. Lo que hizo en mí

   5.1. Pastor Armando Alducin, Sanidad interior in
   YouTube

6. De regreso al padre

7. La Fe en Dios (El Espíritu Santo)

   7.1. Tú puedes ayudar

   7.2. http://espanol.mentalhealth.gov/s%C3%ADnt
   omas/comportamiento-
   suicida/soe/%C3%ADndice.html

Estadísticas: American Foundation of Suicide
   Prevention

BIOGRAFÍA

Rosa Toussaint Ortiz es autora, conferencista y emprendedora cristiana. Ella es la fundadora de "Ministerios Sin Límites" www.MinisteriosSinLimites.com, www.WithoutLimitsMinistries.com que tiene como propósito el ensenar sobre las grandezas de Dios en su vida a pesar de haber sido diagnosticada con el desorden bipolar y el trastorno por déficit de Atención. Ella quiere que todos aprendamos a vivir una vida en abundancia y llena de bendiciones. Su lema es: Sirve a Dios y Deja las barreras atrás, Tu Misión no tiene limitación!

Ella sirve como capellán comunitario del ministerio Centro Internacional de Ayuda en Huntsville Alabama. Su visión es usar este libro como una herramienta para motivar e inspirar a otros a entender lo beneficioso que es el tener una relación íntima con Dios y como Avanzar en la visión de Dios para ti. Ella recibió carta de ministro aprobado en el 2006 por la iglesia de Dios. (Life Church International), Recibió su diploma en estudios de ministerios, de la Universidad Bautista de las Américas en San Antonio TX. Ella obtuvo su entrenamiento como capellán (laico) de la Iglesia de

Dios de Cleveland TN. También se entrenó y fue ordenada capellán por La Asociación Internacional de Capellanes (SAICA). En Septiembre 21, 2005 recibió su certificado por completar el curso, Cuidando de las personas a la manera de Dios (Caring for People God's way) AACC. Por casi cinco años Dios le permitió tener su programa de evangelización en la radio, Dios Proveerá! En WDJL 1000 en Huntsville Alabama. Y Radio Alabanza en Athens Alabama.

Ella ha comprendido que en la vida todos tenemos deficiencias. Rosa ha aprendido a vivir la vida un día a la vez y se esfuerza por tener un corazón limpio y vivir de acuerdo a la voluntad de Dios para que romanos 8:28 se haga realidad en su vida: "A los que amamos a Dios todas las cosas nos ayudan para bien, hemos sido llamado de acuerdo a sus propósitos".

Ella es una Emprendedora, fundadora de Ortiz Consulting and Educational Services. El ser un agente de viaje independiente le permite el llevar personas a la Republica Dominicana para que experimente lo que ella llama Vacación/Misión. Rosa sirvió en el ejército de los Estados Unidos desde el 1978 hasta el 1986, termino como Teniente 2nd.

Rosa está disponible para llevar su testimonio a las naciones por medio de conferencias, talleres, Radio, Televisión, seminarios en la web y otros.

Rosa vive en Huntsville Alabama donde continua sirviendo a la comunidad de inmigrantes.

Visite el sitio web para más recursos e información: www.RosaToussaintOrtiz.com

RECUERDOS

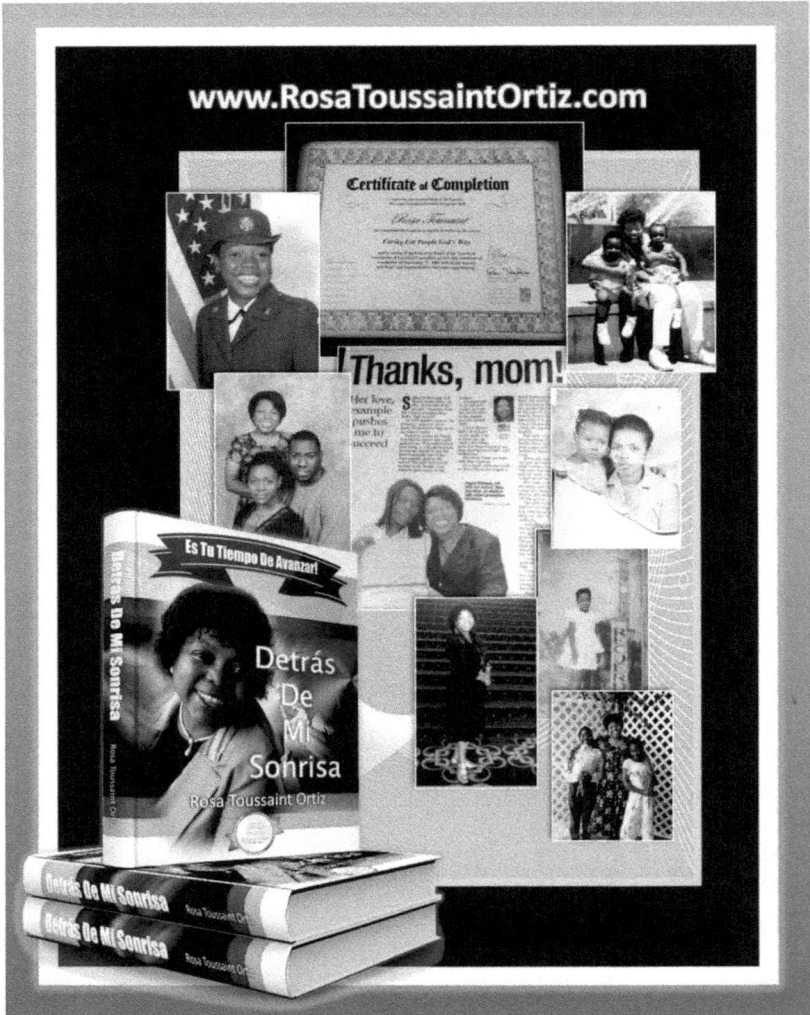

WHY DID I WRITE THIS BOOK?

Detrás de mi Sonrisa
(Behind My Smile)

If you Google my name, look at my resume, and read my biography you won't see my struggles. I consider myself very blessed even though I have been fighting to stay alive all my life. Up to now I have kept a secret. I wrote my book to tell my story and change the erroneous beliefs that most people have about someone that has been diagnosed with a mental illness. I want to bring hope to millions. My motto is, "Serve God and leave behind the barriers, your mission has no limitations."

Your smile is like a business card. I have often presented myself as a cheerful person on the outside, but in the past, many times I wished I were dead. I was tired of living in this world. This book is based on my own experiences and perceptions of personal life events. This book is my testimony. It is a legacy for my children and their descendants. It will prove that God listens when we cry out to Him.

In the summer of 1994, I was sure that I had the perfect plan to leave this world forever. On two different occasions I had strong thoughts of killing myself and my two children; on both occasions I cried out, "Jehovah help me," and on both occasions He did. Those who have had suicidal thoughts can testify that it's a horrific experience. I thank God for His mercy.

There have been many scientific breakthroughs within the last few years. However, I believe scientific professionals have not been able to advance as rapidly in studies involving brain development. I thank God every day that we have more professionals like Dr. Daniel Amen. He is a psychiatrist and neurologist who takes a patient's psychological, social, spiritual and biological factors into account prior to diagnosing them with an official mental illness.

He also advises the patient to have a brain scan to

evaluate brain chemical functions and activities. For most of us, this assessment may be too expensive. For those who can afford it, it holds many benefits. I strongly believe that many families would be willing to make financial sacrifices to make sure their loved ones receive a more thorough psychiatric evaluation prior to receiving an official diagnosis.

My first experience with psychiatrists and psychologists was around 1973. My first suicide attempt was at the age of fourteen. The thoughts, ideas and suicide attempts persisted into early adulthood. I later discovered that some of my relatives shared experiences similar to mine. A few relatives suffered from alcohol addiction. In 1982 I decided to study the field of Mental Health. I wanted to find out how to help my family, others and myself. I knew I was having a "mental" problem and had not been diagnosed.

In 1994 I had the most frightening and disastrous experience of my life, my thoughts turned from suicide to homicide, and because of this I lost custody of my children for about a year. I understand now that what was happening to me from my early age was a combination of psychological, social, biological / chemical and spiritual problems.

We humans are very complicated creatures. Only God really understands the dynamics of our body and spirit. I say every day, "God let it be your will in me, I do not want the free will, do with me what you want, please take control of me." I have no doubt that there is a supreme being in the universe, with measureless power, wisdom and the capacity for love incomprehensible to us. He is my God, creator and savior.

A few years ago I asked someone to help me write my book. She replied with something like, "Rosa, you are an advocate of immigrants; if you tell your story you will lose credibility and you will not be taken seriously. The mentally ill have many advocates."

She may not remember saying this, but when I see her I will thank her for her advice; at that time God was using me in a very special way. When I listened to the way I communicated with the media I said to myself, "I do not have this kind of knowledge, this is God, using me to defend the rights of this people." I should not be surprised. The Bible says:

But God chose the foolish things of the world to shame the wise; God chose the weak things of the world to shame the strong. — 1 Corinthians 1:27

I have noticed that the mentally ill have many

advocates that can communicate in English but advocates are lacking in the Spanish-speaking communities. During my research I could not find up-to-date information on books written in Spanish. The internet has plenty of up-to-date information in English but not in Spanish. I could not find advocates who have experienced mental illness themselves. There was very little information in Spanish to help the mentally ill in the Christian church. This sector of our society is lacking in the knowledge of how the brain works, the differences between the mind and the brain and what the Bible says about mental illness, especially suicide. It's for this reason that I asked you to make your Spanish speaking friends aware of this book in Spanish, *Detras de Mi Sonrisa* (*Behind My Smile*)

Our world keeps changing rapidly, and in my opinion humans are more unstable now than previous years, due to all this new technology and environmental changes. People look more stressed out and suicides have increased. The children of God can't help each other due to the lack of knowledge.

I wrote this book for a few reasons: The most important is to give God the glory. For me, being alive and well today, sharing my story with you, is a miracle. My other reason is to encourage and inspire you. I hope that reading this book will motivate you to seek a deeper relationship with the Holy Spirit.

I pray that your heart will be filled with compassion, empathy and understanding of other people's behavior and that you will understand the differences between having a brain disorder and being demon possessed (see 1 Corinthians 12:3).

Healing comes from God. Sometimes it is something that happens in the blink of an eye, but other times it is a process. My healing is part of a process, and I thank God for that because it has helped me to be humble and has increased my empathy for others. This is one of my favorite Bible verses:

and He said to me, "My grace is sufficient for you, for my strength is made perfect in weakness. "Therefore most gladly I will rather boast in my infirmities, that the power of Christ may rest upon me. – 2 Corinthians 12:9

I have a message to the churches that worship in English, "the American churches," the body of Christ. Please help your brothers and sisters that communicate mainly in Spanish. I am asking you to have empathy for your brothers and sisters that communicate mainly in Spanish and are suffering from mental illness. In my book I present the connection between mental illness, and the abuse of alcohol, cocaine, heroin and other drugs. I have a website to provide valuable information to those that speak English and have a heart to serve those who speak Spanish:

www.withoutlimitsministries.com

I will be providing the names of organizations that have resources to help the clergy and church members in their ministry and service to the mentally ill.

In the near future I will be making available to you audio lessons in Spanish, to help you serve this community.

Please register at www.detrasdemisonrisa.com to get the book, participate in our bilingual webinars and to keep you up to date with what God is doing in our ministry.

I am alive today only because the Holy Spirit helped me; I have had some very dark hours even as a member of a church, fighting suicidal thoughts without being able to find a brother or sister to help me fight. I do not wish this on my worst enemy. I thank the Holy Spirit for His grace.

Many people feel that mental illness is rare,

something that only happens to people with life situations very different from their own, and that it will never affect them. Studies of the epidemiology of mental illness indicate that this belief is far from accurate. In fact, the Surgeon General reports that mental illnesses are so common that few U.S. families are untouched by them.[1]

It is estimated that your brain has one hundred billion neurons (brain cells), each one having up to ten thousand individual connections to other cells. This means that you have more connections in your brain than there are stars in the universe. Once I became aware of this, I understood why we are so far behind in understanding the diseases of the brain and perhaps for that reason we blame the "mind" for faulty thinking and behavior problems; and we call it "mental illness," but this is just a theory.[2]

I think that if the "mentally ill" were psychiatrists, neurologists and other health professionals we would have been a lot farther along in understanding the brain; sadly it has been our society's attitude that once a person is diagnosed with a "mental illness" they are finished and can no longer contribute to society. Well, this is not the case and I am one of the many to prove that kind of thinking to be wrong.

The statistics are showing an increase in "mental illnesses" and suicide. We must find the real problem, not just creating theories but studying our complicated brain. I pray that the life of secrecy that most of us have been living because of the stigma attached to those diagnosed with a "mental illness" will become a thing of the past in the near future. I also pray for Christians to become more knowledgeable on what mental illness is and more compassionate to those suffering from it.

God bless you,

Rosa Toussaint-Ortiz

References

1. www.apa.org
2. www.amenclinics.com

NOTAS

NOTAS

NOTAS

NOTAS

NOTAS

NOTAS

NOTAS

NOTAS

NOTAS